华章图书

一本打开的书，
一扇开启的门，
通向科学殿堂的阶梯，
托起一流人才的基石。

小程序，巧运营

微信小程序运营招式大全

熊普江 于海军 ◎ 编著

机械工业出版社
China Machine Press

图书在版编目（CIP）数据

小程序，巧运营：微信小程序运营招式大全 / 熊普江，于海军编著 . —北京：机械工业出版社，2020.1

ISBN 978-7-111-64388-3

I. 小⋯ II. ①熊⋯ ②于⋯ III. 网络营销 IV. F713.365.2

中国版本图书馆 CIP 数据核字（2019）第 274026 号

小程序，巧运营：微信小程序运营招式大全

出版发行：	机械工业出版社（北京市西城区百万庄大街 22 号	邮政编码：100037）	
责任编辑：	赵亮宇	责任校对：	殷 虹
印　　刷：	大厂回族自治县益利印刷有限公司	版　　次：	2020 年 1 月第 1 版第 1 次印刷
开　　本：	170mm×240mm　1/16	印　　张：	15.25（含 0.25 印张插页）
书　　号：	ISBN 978-7-111-64388-3	定　　价：	79.00 元

客服电话：（010）88361066　88379833　68326294　　投稿热线：（010）88379604
华章网站：www.hzbook.com　　　　　　　　　　　　读者信箱：hzit@hzbook.com

版权所有 • 侵权必究
封底无防伪标均为盗版
本书法律顾问：北京大成律师事务所　韩光 / 邹晓东

Foreword 序

2017年1月9日，这一天必将载入互联网的发展史册——这一天，张小龙正式发布小程序，从此开启了一个"小程序时代"。

"想象一下，工具与场景融为一体，当有需要的时候，它刚好出现，这就是小程序的思想。它是一种减法，让工具回归服务本质，以更轻、更合理的形态，直达需求；它也是一种进化，服务得以摆脱束缚，每一种需求都能即刻满足。而这种变化，启发我们想象更多，用新的维度思考时间与空间。"

这是我接触到的第一个微信小程序的推广文案，它简明扼要地向我们描述了小程序的能力与应用前景。

一方面，微信小程序已高度繁荣。据官方统计数据，现在已有超过5000家小程序服务商与150万名开发者在从事小程序开发，打造了丰富的小程序工具与服务。据阿拉丁指数的统计，截至2019年6月，两年半的时间里，微信小程序上线数量已超过200万个，已成为名副其实的连接线上与线下的载体，成为服务的入口。

另一方面，小程序平台也成为其他互联网巨头布局的重点。目前涉及小程序的平台已多达9家，包括微信、QQ、快应用、百度智能、支付宝、淘宝轻店铺、头条、抖音、360。

随着互联网的发展以及智能手机的普及，线上流量红利已逐步消失，不过线下仍有丰富的场景及大量的流量。社会与国家的经济发展也离不开实体，脱虚向实是重要的调整方向，互联网技术下一步必须转向助力实体、转向产业。因此，未来的10～20年，必将是传统产业数字化的大机会，互联网巨头们已纷纷布局。而小程序更是连接线上线下的载体与利器，自然会成为互联网巨头布局的重点。

虽然小程序服务商或开发者众多，上线的小程序数量也不少，但运营得好的小程序并不多，有些更是为了抢小程序的风口，为开发而开发，缺乏运营或不会运营，最终只沦为统计数据之一。

小程序在快速地横向（覆盖越来越多的场景）与纵向（功能与能力越来越强大）扩展。自小程序发布起，微信团队就一直在丰富小程序的覆盖场景，逐步开放出"搜索""附近的小程序"，以及下拉菜单、"一物一码"等入口，也增加了包括小游戏、直播、企业微信等场景应用，同时不断提供完善小程序的能力，设法降低小程序开发的门槛，如提供小程序云、云数据库等无服务器（Serverless）云开发、第三方插件等能力。现在，开发小程序已经不是什么特别困难的事情。

但新的挑战出现了：如何让开发完成的小程序更好地触达用户，更好地留存用户，更好地提升用户的活跃度，以及如何系统地结合微信生态，发挥出小程序最大的效用……这些挑战严重困扰着企业主、服务提供商与运营从业者等。是否有好的解决方案呢？本书正是为此而来，为小程序运营提供了全面、系统的介绍，不仅有场景描述、痛点解析，还提供了应对的运营招式与方法，并辅以价值点分析、案例支撑，可谓不可多得的"运营宝典"。

本书作者熊普江曾服务腾讯微信多年，对小程序设计开发与运营理念理解得十分透彻。作为第一本小程序畅销书——《小程序，巧应用：微信小程序开发实战》㊀的作者，普江始终关注小程序的生态与发展，并为各行各业的小程序应用提供咨询。因此，其输出于本书的内容、观点可谓非常权威，更有价值。本书是《小程序，巧应用》的姐妹篇，将运营与开发相结合，堪称完美。

本书的另一位作者于海军长期从事互联网技术开发与运营，是微信小程序的首批探路者。其2018年4月通过小程序内购社交营销，在短短3天内给公司带来超过600万元的销售额。2018年8月，海军创立小程序服务公司——智零网络，带领团队专注于小程序的开发与运营，积累了大量的行业小程序服务场景与小程序运营工作经验。本书中大量精选案例多来自智零网络提供运营服务的真实客户，因此，本书中涉及的小程序运营招式有着非常强的实操性与可落地性。

2019年8月9日，两位作者在其朋友圈发布观点：小程序互联网时代已经来临，未来不仅仅是每个商家需要一个小程序，每一个人、事物或服务都可能需要一个小程序。也正如小程序推广文案中所述的："这一切，将被重新定义，事物不再是事物，而是触手可及的服务入口，连接一切，生活有无限可能。"

盛国军，海尔电器集团CTO
2019年8月30日

㊀ 后文中简称为《小程序，巧应用》，该书由机械工业出版社出版，书号为978-7-111-55682-4。——编辑注

Preface 前 言

为什么要写这本书

微信小程序自 2017 年 1 月 9 日上线以来，经过两年多的发展，已凝聚超过 150 万名开发者，已发布上线的小程序数量超过 200 万个，发展可谓相当迅速，要知道苹果应用商店中的 APP 数量达到 200 万，历时近 8 年（见图 1）。与小程序同步发布的《小程序，巧应用》一书已帮助很多开发者顺利开发出各类应用。持续增加的能力使得小程序可以覆盖更多的场景，同时开发工具升级，加上云开发上线，使小程序的开发门槛持续降低。按照微信团队的规划，小程序仍将持续开放新的功能，降低开发门槛，可以说小程序仍在快速发展演进中。

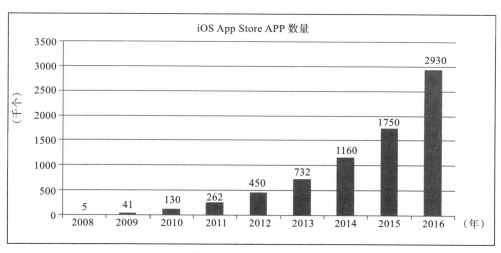

图 1 苹果应用商店历年的 APP 数量

来源：SensorTower

另外，随着微信小程序的火爆，其他小程序平台也开始兴起。截至 2019 年 8 月，可供开发与使用的小程序平台已多达 9 家。同时，伴随着大量小程序开发服务商的涌现，各行各业、各类场景的小程序开始变得异常丰富。可以说，现在开发一个小程序是一件轻而易举的事情。

然而，在小程序开发上线之后，很多情况下并没有达到预期的效果。据阿拉丁 2019 年 1 月的统计数据，微信小程序数量已超过 230 万个，小程序已经成为连接线上线下业务的非常好的载体。而 QuestMobile 2019 年 7 月的数据显示，在微信小程序里，MAU（Monthly Active User，月活用户数）超过 500 万的小程序约有 180 个，MAU 超过 100 万的有 883 个。

这个数据表明绝大多数小程序没有真正运营起来，真正发挥出其应有的价值。这也使得传统企业主、服务商等对要不要使用小程序这个新入口、新工具感到困惑与焦虑，因为他们迫切需要利用互联网技术进行数字化，推动业务发展。

实际上，运营才是王道。 纵观国内关于小程序的书籍，有关小程序运营的也有一些，但多数仅限于简单的操作罗列、介绍，而且比较零散、不够系统，缺乏场景，缺少实操性。真正能够与实践结合的可操作、可落地的书籍更是凤毛麟角。

本书会将所涉及的与小程序相关的运营经验总结出来，帮助大家在开发好小程序的基础上做好运营。如果读者能利用好书中的招式，我们将倍感欣慰。相信这也是微信团队愿意看到的。

本书的读者对象

本书通过翔实的小程序能力与价值剖析，结合真实的场景案例，帮助读者了解有效的小程序运营方法、招式，涉及利用行业特点、会员拉新拉活、流量获取与运用、商品选品及供应链整合、微信生态联合等，帮助企业主、服务商、开发者及运营人员充分发挥小程序的能力，助力传统产业数字化转型，改进业务运营效率及促进业务发展与升级。因此，本书主要面向的读者对象包括但不限于：

- 传统企业主：了解小程序能力与应用场景，进行企业数字化升级与改造，持续挖掘企业发展潜力。
- 服务提供商：学习利用好小程序的能力，优化产品服务体验，增加服务渠道，持续改善服务，提升效益。
- 运营人员：策划产品与企业活动，创新业务与产品服务能力，发展、留存与激活用户，打造私域流量，助力产品品牌与业务营销。
- 产品经理或开发者：可以帮助开发者更好地了解业务场景，创新小程序应用，开发出更丰富、更实用、更智能的小程序工具。

如何阅读这本书

本书谈的"小程序，巧运营"，是针对产品与业务服务而言的，结合场景，充分利用小程序作为新的服务入口、渠道或平台，进行产品与业务服务的终端智能化、数字化、营销系统化、传播社交化、流量私域化、渠道融合化，从而充分发挥小程序的相关能力，使产品与业务服务达到最佳的运营状态，使业务获取最大的效益。

为了便于读者理解与掌握，书中运营招式是从以下几个方面分析的：**场景与痛点、运营招式、招式价值点、典型案例**。

线下业务场景的从业人员，以及参与过互联网产品运营、设计与开发，特别是移动互联网产品运营、策划及小程序开发，或者对产品运营或业务数字化转型感兴趣的读者，会相对更容易理解与吸收本书阐述的小程序运营场景、方法、价值点与案例。无论如何，通过对本书的学习，读者一定会对小程序运营有更深刻、更全面的理解，对于胜任移动互联网产品运营及业务数字化转型相关的工作更有信心。

勘误与支持

由于小程序仍处于快速发展阶段，其技术与能力日新月异，笔者撰写书稿的时间也有限，书中难免会出现一些更新不及时或不准确的地方，恳请读者批评指正。你可以通过以下途径联系笔者并反馈建议或意见：

- 微信通道：公众号"智零电铺"。
- 小程序运营社区：www.minretail.com。
- 电子邮箱：qudao123@163.com。

致谢

本书撰写过程中，得到了很多朋友、同事的指导、帮助和支持。

首先，感谢智零网络小程序开发与运营团队，是他们帮助我们通过技术以及各种运营手法，使小程序变得十分有力。特别是本书里非常多的精美且专业的说明图例，均由智零团队 UI 大师黄羽婷精心绘制，特别感谢。

其次，感谢机械工业出版社的编辑吴怡老师。吴老师非常认真负责，除本书外，第一本小程序书籍——《小程序，巧应用》也是得到吴老师的审核、指导及校验，并成为畅销书。正是吴老师等编辑辛勤的付出，使得本书顺利面世。

再次，感谢海尔、白沙溪、穗港澳服装业联合会、iTechClub，他们提供了宝贵的小程序实践经验，并携手提供了很多丰富的案例。

最后感谢家人的支持。

未来的十年至二十年，一定有产业互联网、产业数字化发展的巨大机会。一切细微之处，皆是演进之端。小程序作为移动互联网生活的触点以及连接线上线下的载体，将让产品、服务及事物焕发无尽活力。小程序，巧运营，将开启新一代的智慧小程序互联网时代，让业务的价值无限延伸、扩展！

编者
2019 年 8 月

Contents 目　录

序
前言

第1章　微信小程序生态概述 1
  1.1　小程序的诞生及发展历程 1
  1.2　初衷与目标 3
  1.3　商业价值 5
  1.4　现状 7
  1.5　面临挑战 11
  1.6　实现价值的运营解决方案 14

第2章　微信小程序运营概述 16
  2.1　能力范畴 16
    2.1.1　基础能力 16
    2.1.2　扩展能力 17
    2.1.3　场景和连接 18
    2.1.4　变现 19
  2.2　运营价值 20
  2.3　运营招式概述 21
    2.3.1　小程序运营指标及其定义 21
    2.3.2　小程序运营招式概述 26

第 3 章　行业运营 — 28

- 3.1　平台化 — 28
  - 3.1.1　连锁加盟企业 — 28
  - 3.1.2　传统经销渠道 — 35
- 3.2　供应链 — 40
- 3.3　合作伙伴 — 44

第 4 章　流量运营 — 49

- 4.1　私域流量 — 49
  - 4.1.1　什么是私域流量 — 50
  - 4.1.2　私域流量的演变 — 51
  - 4.1.3　私域流量的优势与价值 — 54
  - 4.1.4　打造与运营私域流量 — 54
- 4.2　地推 — 60
- 4.3　活动 — 66
  - 4.3.1　现金红包 — 66
  - 4.3.2　点赞与集赞 — 71
  - 4.3.3　企业内购 — 74
  - 4.3.4　抽奖 — 79
  - 4.3.5　拼团 — 83
  - 4.3.6　秒杀 — 87
- 4.4　支付 — 90
  - 4.4.1　收款码 — 91
  - 4.4.2　满减折赠 — 93
  - 4.4.3　充值 — 99
- 4.5　朋友圈广告 — 103
- 4.6　一物一码 — 107

第 5 章　商品运营 — 112

- 5.1　商品选择与展示 — 112
- 5.2　商品快速上线 — 115

5.3	商品兑换卡	117
5.4	扫码购	121
5.5	下单购买	128

第 6 章　一体化运营 ... 132

6.1	会员	132
6.2	分销	135
6.3	代销	139
6.4	文化与资讯	141
6.5	实用工具	145

第 7 章　微信生态联合运营 ... 148

7.1	公众号联动	148
7.2	群及 KOL	154
7.3	朋友圈	158
7.4	好物圈	162
7.5	微信支付	167
7.6	微信运动	176
7.7	模板消息	184

第 8 章　「白沙溪茶厂」小程序运营实战 ... 188

8.1	总体运营思路	189
8.2	活动的整体策划	190
	8.2.1　主会场部分	191
	8.2.2　子活动专题	195
8.3	店铺装修与小程序页面优化	197
	8.3.1　首页设计装修优化	198
	8.3.2　商品页展示装修优化	199
	8.3.3　数据分析和页面装修优化	199
8.4	活动运营管理	200
8.5	优惠券发放流量运营	202
	8.5.1　品牌人群包配置与投放	202

    8.5.2　优惠券的设计 208
    8.5.3　领券入口优化 208
    8.5.4　领券落地页优化 210
8.6　可开启与待应用的小程序功能 210

第9章　运营趋势探讨 212
9.1　新一代电商形态 212
9.2　小程序未来发展预测 214
9.3　未来运营招式畅想 217
    9.3.1　PC版微信打开小程序 217
    9.3.2　小程序直播 218
    9.3.3　小程序用户满意度评分 219
    9.3.4　企业微信——小程序运营新阵地 223

Chapter1 第 1 章

微信小程序生态概述

微信小程序可以为企业提供小程序解决方案、开发或运营服务，这个领域目前已经诞生了不少独角兽企业，甚至上市公司，较为知名的有：有赞、微盟、阿拉丁。短短两年多的时间，微信小程序从无到有，到如今覆盖200多个行业，已逐步形成了较丰富的生态。而且阿里、百度、今日头条等都在积极跟进。小程序是如何诞生的，它的设计初衷与目标是什么，当前发展到什么样的状态，价值体现在哪里……

在本章中，我们将阐述微信小程序的产生背景、设计初衷、商业价值以及当前发展现状等。

1.1 小程序的诞生及发展历程

2016年1月，广州微信公开课上，张小龙宣布将推出"应用号"。至于"应用号"的样子，当时他的大概表述是："类似于公众号，但比公众号更便捷、更好找，是更容易使用的形态"。"应用号"就是微信小程序概念的前身。

8个多月后，微信小程序公布开启"内测"（见图1-1），因广受关注，内测消息刚一公布即刷爆朋友圈。微信天然连接数十亿用户，无数企业、服务提供商期待通过小程序解决与用户间"连接的痛点"。

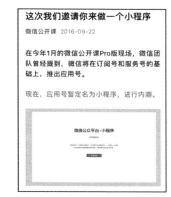

图1-1 微信小程序于2016年9月22日开启内测

很快，2016年11月小程序正式开放公测。2017

年1月9日，微信小程序正式上线，得到广大开发者的好评（见图1-2）。

无数企业、政府组织、服务提供者、开发者得以通过微信小程序这个工具，更方便地拥抱移动互联网的浪潮。

2017年4月18日，微信推出专属的圆形小程序码，令人耳目一新，好评如潮（见图1-3）。

图1-2 微信于2017年1月9日正式推出小程序

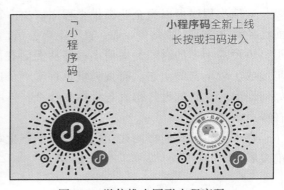

图1-3 微信推出圆形小程序码

2017年12月28日，微信更新的6.6.1版本进一步扩展了小程序的类别，开放了小游戏类目，甚至在微信启动页面重点推荐小游戏「跳一跳」，使得小程序可以连接更丰富的场景，承载更多的创意。

2018年3月23日，微信正式开放小游戏类目公测，一周后小游戏开放发布。

2018年9月10日，微信上线小程序"云开发"能力，提供云函数、数据库及存储管理能力，进一步降低小程序开发门槛，大大提升小程序开发、调试效率。

2019年3月28日，微信开放好物推荐能力（好物圈），为小程序增加新的社交流量入口。

2019年7月16日，微信正式开放"一物一码"能力，使每一个商品都成为一个小程序入口。

2019 年 8 月 9 日，PC 版微信新推 Beta 版本，全面支持 PC 版微信打开小程序，而且支持多开，这无疑增加了一个非常大的流量入口。

小程序主要发展历程示意图如图 1-4 所示。

图 1-4　小程序发展历程

不仅仅是微信小程序持续、快速地从横向覆盖与纵向能力扩展方向发展，各个互联网巨头、手机大厂商等均看中小程序的连接线上线下的能力，大举进入并提供小程序开发平台。截止到 2019 年 8 月，已有微信小程序、QQ 小程序、快应用、百度智能小程序、支付宝小程序、淘宝轻店铺、头条小程序、抖音小程序、360 这 9 个小程序应用开发平台上线。

至此，可以说小程序互联网时代已来临。

1.2　初衷与目标

微信官方页面指出："小程序可以在微信内被便捷地获取和传播，同时具有出色的使用体验"。张小龙在小程序内测首发当天，也在朋友圈给出了解释——小程序是一种不需要下载安装即可使用的应用，它实现了应用"触手可及"的梦想，用户扫一扫或者搜一下即可打开应用。这体现了"用完即走"的理念，用户不用担心是否安装了太多应用的问题。应用将无处不在，随时可用，但又无须安装卸载。

小程序极大地改变了人们的信息查询、服务获取、商品交易等的方式。毫无疑问，**发布小程序的初衷就是提供一种新的连接方式**。

但小程序远不止连接方式这么简单。经过两年多的发展，已经构建起新的小程序开发环境形成了包括开发者、服务商、商家服务及用户使用的生态。小程序也是这么多年来中国 IT 行业里一个真正能够影响到普通程序员的创新成果。现在，已经有超过 150 万的开发者加入了微信小程序的开发中，小程序服务第三方平台日渐丰富，互联网巨头们都把小程序上升到非常重要的战略地位，共同发力推动小程序的发展。目前仅微信小程序应用数量已超过了两百万个，覆盖 200 多个细分的行业，多个城市用小程序实现了地铁、公交等诸多便民服务，其日活用户超过两亿。**小程序现在已经逐渐成为移动生活的触点，成为线上线下服务的载体**。无论是民生、政务，还是传统企业、服务商家，抑或是社区小店、个体用户，都因小程序而使得客户获取服务更加便捷，用户体验提升，社会运转效率更高。

作为线上线下服务载体，最为典型的案例之一是政务微信小程序——「粤省事」（见图 1-5）。

据广东省政务服务数据管理局 2019 年 8 月 5 日公布的「粤省事」统计数据（见表 1-1）显示，截至 2019 年 7 月 26 日，「粤省事」移动政务服务平台实名注册用户达 1413 万；日均访问量（PV 值）815 万；累计查询和办理业务量 23 187 万笔；累计上线 707 项服务（其中查询类 277 项，办理类 430 项）及 59 种个人电子证照，其中 616 项实现"零跑动"，89 项实现"最

图 1-5 「粤省事」小程序码

多跑一次"。「粤省事」小程序将政府服务数字化，大大改善了群众服务满意度，提升了政府与社会运转效率。

随着小程序能力进一步扩充与释放，小程序生态的逐步成熟完善，在企业数字化、产业互联网的推进与落地过程中，作为传统企业用户数据资产管理的标配，小程序将全面普及。因此，**长远来看，小程序或将成为新的互联网形态，即"小程序互联网"**。原来 PC 端上的一个个网址，将逐渐演变成去中心化、更丰富、功能更强大、体验更好的小程序。未来不仅仅是每一个商家需要一个小程序，甚至是每一个事物、服务或人都需要一个小程序。

表 1-1 「粤省事」2019 年 8 月统计数据

「粤省事」统计数据 （截至 2019 年 7 月 26 日）		
实名注册用户数		1413 万
日均访问量		815 万
累计查询和办理业务量		23 187 万
累计上线服务数	办理类	430 项
	查询类	277 项
	总计	707 项
零跑动事项数		616 项
最多跑一次事项数		89 项
电子证照上线数		59 种

1.3　商业价值

　　移动互联网时代的微信应用不可或缺，微信小程序切合了时代需求，毫无疑问会成为政府、组织机构、企业以及开发者必争的互联网应用领域。由于微信小程序的优势十分明显（见图 1-6），它必将再一次扩张微信强大的"连接力"，帮助我们解决现有服务痛点，或者发掘或衍生出新的商业模式，帮助行业、企业以及政府机构改善服务或实现"互联网＋"转型。

图 1-6　微信小程序的优势

　　开发者可在微信内搭建和实现特定的服务、功能。通过小程序全面开放的能力，企业与服务提供者被赋予了更多的连接可能，从而可以建立自己的品牌、流量,将商业机会带给整个产业链。

通过微信小程序所提供的功能与服务,海量微信用户可以享受具有持续价值和高品质的服务。目前随着腾讯、阿里、百度等互联网巨头相继投入小程序的开发中来,小程序的发展更是得到了提升。而伴随企业数字化转型的加快,越来越多的企业选择了与小程序进行结合。

尽管小程序在开发上仍有一些限制,但小程序的优势是非常明显的——可以保留在使用列表中,可以在微信中直接搜索到,可以以卡片的形式进行分享等,这些小程序的自带光环,为用户提供了前所未有的便捷体验。

在日益丰富的行业服务与应用场景覆盖过程中,小程序的商业价值也在进一步得到体现。可以说,**小程序的真正商业价值在产业互联网**。因为产业互联网中有无数的琐碎触点,这些触点只有依靠小程序才能解决,由此提升用户的整体体验。

我们知道,判断商业价值的标准维度包括五个方面:经营情况、客户价值、品牌价值、现金流状况与企业风险。小程序为企业数字化转型赋能,为推进产业互联网助力,进而重塑企业的生态系统,助力商业价值体现。具体表现为:

- **在用户体验上,利用小程序实现新产品、新服务,重新定义客户体验**。例如,家乐福通过小程序,实现让每位顾客人手一把"扫码枪",实现扫码购,用户无须排队即可自行结账。摩拜单车无须替换车身原有的 APP 二维码,可直接通过小程序扫码打开车锁。
- **在运营效率上,小程序可大幅度地降本增效**。喜茶通过小程序将购买支付过程全面线上化,避免用户排长队。「粤省事」将政府服务大厅搬到小程序里,群众可通过小程序一站式办理业务,避免了跑腿,节省了时间与费用,大大提高了办事效率。
- **在数字化方面,助力企业数字化**。小程序以客户与效率为中心,实现用户、产品服务、内容等数据转化与留存,帮助人们全面开展数字化业务,为智能数字化运营打下基础。天虹将 1600 万会员全面数字化,建立了数字会员中心,以小程序为触角,搭建出一套精准数据营销模型。人民日报 FM 则利用人工智能赋能小程序,将原始素材自动生成音频,提升了内容生产效率,再结合大数据进行精准推荐,数字化运营已初步实现。
- **在商家经营上,实现流量积累与效能提升**。小程序作为线下流量的抓手,可以帮助商家实现用户流量的积累、沉淀与转化变现(示意图见图 1-7)。小程序易于传播与分享,而且实现了交易闭环,体验流畅,结合公众号等生态,可以大幅提升经营效能。关于流量运营与经营效能提升的内容,我们将在第 4 章详细展开。

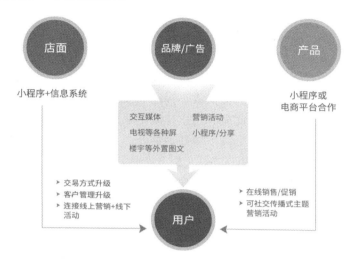

图 1-7　小程序重塑经营效能

小程序还可以实现价值再造。通过对业务场景的分析，痛点与流程的梳理，再结合小程序能力的巧妙应用，可以为企业创造出产品/服务的新物种或新商业机会。例如，享物说用小程序提高了二手交易效率，重新塑造了二手市场的交易流程，创新性地解决了交易痛点，"以物连人，传递温度"。虎鲸云用小程序插件助力企业数字化改造，使企业可以像搭积木一样，在不同的业务场景下，通过不同的场景化插件组合，用插件搭起小程序，应用于各类场景中。

1.4　现状

微信小程序的市场规模与影响力现已变得十分庞大。据阿拉丁小程序统计平台数据，截止到 2019 年 1 月，上线发布的小程序应用总量已超过 230 万个，小程序每日活跃用户数超过 2.5 亿。

自 2018 年下半年开始，小程序发展进入 2.0 阶段。其显著特征是：

- **连接更多的场景**。微信团队为小程序提供了多维度的渠道（如搜索、扫码、附近的小程序、任务栏、朋友圈广告等）与丰富的功能（如支付后派券、公众号小程序链接、会话分享、APP 分享、模板消息等），使小程序可以拓展连接更多的应用场景。例如通过"附近的小程序"，用户可以在微信中快速找到附近可用的小程序和服务，同时也能够帮线下商家更直接地触达用户。

若能得到充分、多样化地应用,小程序将会融入更多生活场景中。

- **满足更多的需求**。随着微信的升级及小程序能力的不断扩充,小程序可以解决线上线下商家的更多痛点、满足更多需求。例如,通过关注商家微信公众号,可在小程序中即时查看到其他门店库存,打破线上无法查看线下店铺库存的窘境;可在小程序中设置线下店铺购物,让用户能在线上体验线下店铺服务;在线下店铺摆放小程序码及使用流程指导图,再加上服务员贴心的使用指导,以此减少用户排队结账的时间,提高用户线下门店体验等。通过小程序使线上线下较好地结合,方便用户与商家沟通,了解优惠活动信息,从而提高用户黏性,提升产品复购率。
- **可以更方便地发现更多小程序**。除了最传统的操作方式,用户还可通过微信下方菜单"发现"→"小程序"页面,找到"附近的小程序""我的小程序"(收藏)与"最近使用过的小程序"。也可以通过微信主搜索框,使用关键字搜索任意想找的小程序。当然,最方便、最快捷、最常用的拉起"最近使用过的小程序"和"我的小程序"的操作方式是在微信主页面下拉首页。
- **可以更好地留存小程序**。现在可以很方便地通过操作小程序功能菜单(•••)将常用的、好用的小程序添加到"我的小程序"中,从而达到留存小程序的目的。"我的小程序"中目前最多可保存 50 个小程序。安卓用户还可将小程序添加到"桌面"中,生成小程序的手机桌面快捷方式,这里小程序桌面快捷方式数量不限。
- **第三方生态更加开放**。提供小程序外包开发或者平台托管型以及提供代运营能力的都算小程序服务商。小程序服务商可在微信开放平台(open.weixin.qq.com)创建第三方平台。微信为第三方服务商提供课程、培训及资源支持。符合资质的服务商,将会放入微信开放平台的服务平台搜索池,提供入口(https://developers.weixin.qq.com/community/servicemarket?type=2)与相应流量,高效匹配需求。

  从微信开放的第三方服务平台来看,涉及的应用包括游戏、网络购物、工具、生活服务、社交、内容资讯、影音娱乐等多个门类领域,开发服务、BaaS 服务(Backend-as-a-Service,后端即服务)、模板服务、数据分析服务等第三方服务生态基本成型。
- **更深度地连接行业**。小程序是连接线上线下的利器与载体,随着微信不断释放平台能力及 5G 商用的到来,小程序无疑将会更深度地连接各行各业。

  在 2019 年 5 月腾讯全球数字生态大会上,马化腾指出,今后两三年,

5G会大规模地商用。这个大带宽、低延时、高可控网络会把人工智能推到千家万户，各行各业转型成本不断降低，产业互联网发展将会进入快车道——小程序互联万物，传统产业和互联网正在融合成一个命运共同体。

据微信官方信息，现阶段人均使用小程序数量已经超过 20 个，每日人均打开小程序的次数超过 4 次，且占 54% 都是主动访问。

据 QuestMobile 2019 年 7 月发布的《中国移动互联网半年大报告》数据（见图 1-8），微信小程序里 MAU 超过 500 万的小程序数量由 2018 年 6 月的 133 个增至 2019 年 6 月的 180 个，MAU 超过 100 万的，则由 2018 年 6 月的 442 个增至 2019 年 6 月的 883 个。

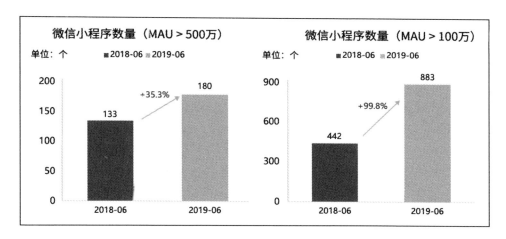

图 1-8　微信小程序数量变化

来源：QuestMobile

据 QuestMobile 统计（见图 1-9），从场景上看微信小程序呈现以下特征：
1）刚需应用以支付类为主，连接线下应用场景有餐饮、交通出行等。
2）工具类应用碎片化、垂直化，以核心功能满足更为细分的应用场景。
3）连接线下相对低频服务，包括旅游出行、二手交易等。
4）延续已有移动应用场景，增加分享功能，如小游戏、移动购物、内容服务等。

实用工具、生活服务和移动视频类中均出现了更多百万量级以上的小程序，移动购物类小程序则趋于向头部集中，500 万量级占比大幅增加（见图 1-10）。

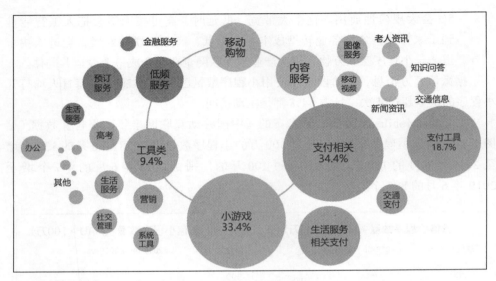

图 1-9　微信小程序场景分布

注：图中圆圈大小表示占比分布大小
来源：QuestMobile TRUTH 中国移动互联网数据库 2019 年 6 月

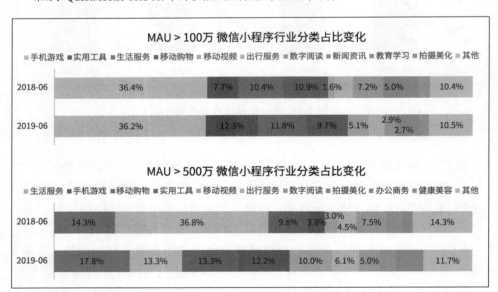

图 1-10　微信小程序行业类别变化

来源：QuestMobile

对于传统企业而言，很多企业借助小程序实现单点突破，在特定环节发挥出小程序价值。在APP、H5、公众号、小程序等移动互联网生态中，小程序不仅是补充，而且联动价值更高，伴随小程序能力的释放与连接触点增多，小程序的优势越来越明显。

2019年上半年，小程序生态继续保持高速蓬勃发展。各大平台在今年上半年都在加速推动小程序的能力释放，而小程序也进一步实现对中国移动互联网群体的全面覆盖。通过小程序，大量的中老年群体每天使用移动互联网的时长大幅增加，可以说小程序推动了移动互联网的全民化进程。到2019年上半年，微信小程序每日活跃用户数超过2.5亿，小程序帮助大量的传统企业实现"互联网+"。在连接线上线下方面，小程序的优势凸显，社区团购借助小程序实现爆发，成为2019年上半年最热的投资风口。

1.5 面临挑战

CNNIC（中国互联网络信息中心）第43次《中国互联网络发展状况统计报告》显示，2018年12月，中国网民达8.29亿，其中移动网民8.17亿。移动互联几乎实现了全网民覆盖，这说明人人都有一个"新大脑"（智能终端），人人都可以随时随地连接互联网（见图1-11）。

图1-11 手机网民规模及其占网民比例

来源：CNNIC

同时，有数据显示，中国移动智能终端设备规模增速已持续放缓（见图1-12），表明移动智能终端在中国已经接近市场天花板，也表明人口红利已消失，互联网的发展已进入下半场。

图 1-12　2016Q1 ～ 2018Q1 中国移动智能终端规模

注：移动智能终端指移动端累计活跃设备总数，包括智能手机、平板电话、智能手表等。
来源：TalkingData

根据 TalkingData 移动数据研究中心的数据，移动智能终端用户平均安装与平均每日打开应用款数已经连续两年下滑（见图 1-13）。最近几年，通信社交、视频、游戏等主流行业应用活跃用户规模增长乏力，行业应用活跃度也出现不同程度的下降。这都说明移动应用也面临增长困境，进入存量时代的争夺，即移动应用对存量用户的时长争夺将更加激烈。

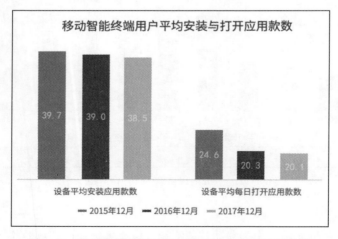

图 1-13　移动智能终端用户平均安装与打开应用款数

小程序打开了产业互联网的想象空间。

一是以人为核心的小程序传播，给产业互联网带来新的用户获取方式以及更下沉渠道的增量人群。典型的例子是拼多多，它以小程序为载体，用"低价＋社交＋拼团"的模式，仅用了半年左右的时间就低成本地拿下过亿的流量（见图1-14），对人群的精准画像，使其可以精准触达到四、五线的城市用户，在诸强环伺的格局下，在看似一片红海的存量市场中，拓展出属于自己的增量市场。

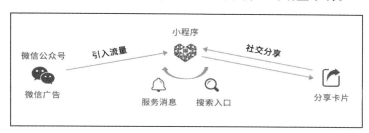

图1-14 「拼多多」小程序低成本引流与传播触达

二是抓住以线下为核心场景的机会，满足用户的服务触达与体验。通过将小程序用作线下流量的无缝抓手，结合核心场景，切入新技术和新产品，给用户带来全新体验。典型的例子是步步高推出的"扫码购"（「Better购」）小程序，相当于给顾客每人配了一把"扫码枪"，小到几元钱的口香糖，大到几千元的电冰箱，顾客都可以使用小程序边扫边买，自由选择，自主结账，自动积分，有效地将线下用户全部整合到线上，实现线上线下一体化。

免下载、简单易用是小程序得到用户青睐的主要原因。而在企业的层面，简单易用虽然为用户带来了便利，但是对于企业自身来说，所面临的最大问题就是产品服务用户的深度有限，用户的黏性难以维持。如何应用与运营小程序，确保业务健康、稳定发展成为新的挑战。

现在小程序的"战火"已开始蔓延。除微信小程序外，支付宝、百度及今日头条等也推出了小程序，展开了全渠道小程序开发与运营竞争（见图1-15）。

BAT（百度、阿里、腾讯）等角逐小程序，虽各具特色——比如微信小程序基于社交流量，对生活及娱乐场景实现赋能；支付宝小程序依靠阿里强大商业能力，对集团旗下消费业务进行跨场景用户拓展；百度智能小程序更加开放，基于开源联盟服务广泛的垂类互联网玩家——但于小程序开发者/服务商而言，做小程序某种程度上是把握时机、最大限度地盈利，于商家而言是为了服务用户，增强服务体验，或争夺流量，营销变现。而无论是哪个平台上的小程序，对于用户而言，都是为了得到价值，提升使用体验。

图 1-15　小程序平台变化

来源：QuestMobile 研究院，2019 年 7 月

因此，是否布局全渠道小程序也成为挑战之一。虽然每家平台标榜的定位听起来各不相同，但流量在哪里，商机就在哪里。开发者与商家可以有全渠道小程序的诉求与尝试，但一定要考虑场景匹配与服务的用户群体特征。这里应考虑"**一切以解决用户需求 / 便利为核心要点**"。

1.6　实现价值的运营解决方案

小程序非常具有商业价值，但同时互联网进入下半场阶段，我们面临诸多挑战。如何应对挑战，让小程序发挥其巨大的商业价值，这离不开小程序的运营，我们需要一整套的实现价值的运营解决方案。

任何一款小程序的开发，都是基于用户（或消费者）特定需求的。于运营而言，开发小程序的需求一定要落实到实际的业务场景中，深刻挖掘出用户的痛点，承载用户、服务以及信息的流转与连接。相比 APP，小程序更适合触达细分人群，一方面将既有服务延伸到移动端，延续品牌与目标人群定位，另一方面，针对特定人群提供细分服务。例如，中国的夫妻店有 680 万家。这些店面有着如下特点：

- 覆盖面广：每个夫妻店能均匀覆盖周边的 200 ~ 400 个 C 端用户⊖。
- 熟人营销：店老板和消费者非常熟悉，这种关系是所有企业都想达到的"有温度的营销"。也正因为熟悉，所以更容易建群，微信支付的普及率很高。

这类店面其实非常适合使用小程序来提供服务。

⊖　C 端用户指终端消费者。

小程序开发出来之后，首先需要有运营团队去展现出其中的用户（或消费者）需求，然后从整体营造的氛围之中推广小程序。通过深挖小程序的内涵，切合用户需求，做到让用户深刻了解小程序并且主动使用它。这可以结合使用本书后续章节提供的各种招式进行运营，实现以下目标：连接线上营销与线下活动；客户管理与营销信息分享结合；独立成为电商小平台；实物促销与社交传播营销等。

小程序上线后，在用户使用过程中，运营团队需要深刻了解小程序的运营规则，结合用户的反馈和运营数据，以及小程序新的能力，做出相应的需求与功能调整，从而升级小程序功能或者增加新的小程序，构建小程序矩阵。例如，携程小程序服务由多个小程序构成矩阵，主场景与特色场景相结合，产生个性化触点，为用户提供更简洁、高效的服务（见图1-16）。

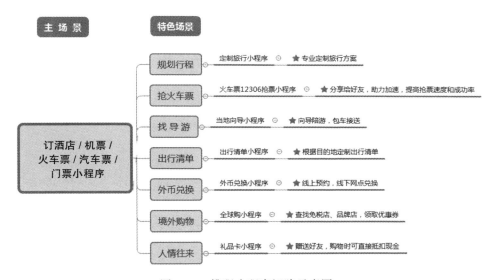

图1-16 携程小程序矩阵示意图

微信小程序是微信生态中的一个重要部分，它是衔接用户与服务、信息之间的重要载体，在企业数字化转型、产业互联网兴起的今天，具有巨大的商业价值，但需要整套的运营解决方案来实现。

第 2 章 Chapter2

微信小程序运营概述

开发小程序不是目的,让小程序发挥应有的作用,打造出更好的服务体验,最终产生用户价值才是目标。

本章将概要地围绕小程序的能力、可产生的价值及运营招式进行介绍,让读者对小程序运营有一个整体认知。

2.1 能力范畴

微信小程序提供了简单、高效的应用开发框架、丰富的组件及 API(Application Programming Interface,应用程序编程接口),从而可以在微信中开发出具有原生 APP 体验的服务。微信团队持续释放、升级小程序的能力,以使小程序能够实现更多功能,满足更多的业务服务需求,进而连接覆盖更多的场景。

从运营的角度看,微信小程序的能力范畴包含四个层面,即基础能力、扩展能力、场景和连接、变现。

2.1.1 基础能力

小程序的基础能力是指用于实现业务需求功能的能力。对于业务需求功能可否实现,这部分能力非常关键,基础能力包括:网络、存储与数据、文件系统、视频、音视、直播、地图、画布、内容安全、硬件(蓝牙、NFC、WiFi 等)、相机、账号、通讯录、客服等(见图 2-1)。

为使用这些基础能力来实现业务需求,微信团队提供了丰富的组件与 API 接口,这里不展开介绍,有兴趣的读者可以参考《小程序,巧应用》这本书。

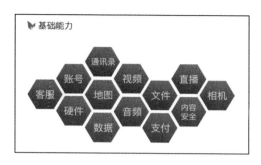

图 2-1 微信小程序基础能力示意图

在开发能带来原生体验的小程序时，基础能力是至关重要的。相对而言，这部分能力是开发者或服务商最关注的，但小程序运营团队也应了解小程序具备哪些基础能力。

2.1.2 扩展能力

扩展能力是微信团队为降低开发门槛、加快小程序开发速度及协同发展第三方生态而推出的能力，包括但不限于云开发（如云函数、云数据库、云存储及云调用等）、第三方插件（如 OCR 支持、微信同声传译等）、工具及性能优化等。

例如，云开发为开发者提供完整的原生云端支持和微信服务支持，弱化后端和运维概念，无须搭建服务器，使用平台提供的 API 进行核心业务开发，即可实现快速上线和迭代。

微信团队为小程序提供了插件能力拓展（见图 2-2），包括线上线下的插件服务，涵盖组件展示、支付、线下服务等。这使得小程序开发者可直接使用具备资质的插件服务，无须独立开发所有功能，质量也更有保证。同时对于某些需要资质的服务，使用有资质的插件则无须再单独申请资质，如视频服务。

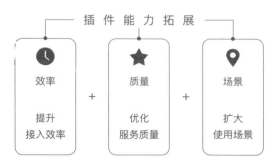

图 2-2 小程序插件能力示意

现在在微信开放社区的服务平台上，已经有第三方服务商提供大量的小程序插件服务（见图2-3），这大大扩展了小程序的能力，同时加快了小程序的开发过程。

图2-3 微信第三方服务平台上的小程序插件服务

工具及性能优化，则帮助开发者或服务商不断完善小程序的开发效率、性能问题及体验优化，比如「小程序助手」就是一个非常好用的官方小程序管理工具，可以实现版本体验、项目成员管理、获取小程序码、查看小程序关键数据、性能分析等。再比如小程序包大小放开至12MB，以支持更复杂的功能。为减少小程序加载等待时间，可实现小程序分包加载，以优化加载性能。

同样，这部分扩展能力也是开发者或服务商需要密切留意的，小程序运营团队可以结合自身的业务需求，了解这部分扩展能力，进而判断是否可以将其应用到所需的业务场景中。

2.1.3 场景和连接

场景和连接能力指的是小程序适用于哪些场景，在哪里可以找到、连接或拉取小程序等。最常见的找到或连接到小程序的场景包括：群、公众号、小程序码、APP、附近的小程序、搜索、任务栏、历史列表等（见图2-4）。

场景和连接的能力是运营团队最需要关注的。因为这涉及小程序的入口、流量（拉新、留存、促活及转化）。例如，可以通过以下场景来连接小程序进行用户拉新：

- 公众号可以关联不同主体的小程序。

- 公众号正文中可以添加小程序卡片。
- 公众号可任意关联小程序，无须小程序管理确认。
- 查看附近的小程序。
- 使用社交立减金。
- 小程序支持跳转 APP。
- APP 可直接打开小程序。
- 搜索直达（小程序）。

图 2-4　微信小程序场景和连接示意

小程序场景和连接的能力是运用运营招式的基础，由于微信团队是持续动态释放小程序能力的，因此运营团队务必对场景和连接能力保持密切的关注，并及时应用。

2.1.4　变现

微信团队一直强调"让能力变为价值""让创造产生价值"。变现能力是微信团队为鼓励有创意的开发者，给受欢迎的小程序提供的创收能力。目前小程序变现能力主要是广告组件，只要小程序的 UV（Unique Visitor，独立访客数）达到 1000 次/天，即可申请使用。对于服务商而言，开放平台社区上的服务平台也提供了展示机会，这也是变现途径之一。如果算上小游戏，那么安卓平台还有道具内购的变现能力。

除去平台本身，好的小程序当然有很多变现的方法，比如定制化推广。例如无码科技的「抽奖助手」，这款工具类小程序访问人次过 6 亿，通过四种变现模式（定制化推广合作、广告、增值服务和电商），让月收入做到了百万级。

微信团队提供了小程序"数据分析"能力，这个能力特别有用，通过这个能力，运营团队可获取到小程序的各项数据指标（访问页面、访问趋势、访问分布、访问留存、用户画像等），依据数据指标变化来优化调整小程序运营，也可以用于做转化变现的决策。

2.2 运营价值

据腾讯公司财报（2019年Q2）披露，微信及WeChat的合并活动账户数达到11.33亿。微信小程序的生态系统越来越有生命力，吸引了更多的开发者及服务提供商参与。中长尾小程序数目同比增长超过1倍，小程序的品类亦趋多元化。例如，内容类小程序令用户在微信制作、上传及分享有趣的视频、音乐及信息时更为方便。十数个内容类小程序的日活跃账户数已超过100万。在2019年第二季，主要用户指标，包括每位用户的使用时长、每日信息发送量及视频上传量保持稳定的同比增长。

这说明微信几乎连接了全部移动网民，小程序也就天然地可连接覆盖全部网民。微信团队不断地释放、扩充及升级小程序的能力，让小程序不仅可以连接物理形态的产品，也可以连接线上与线下服务，更可以与APP、公众号等联动，形成完备的网络生态（见图2-5），使之可以有极为丰富的使用场景，真正做到"触手可及"。

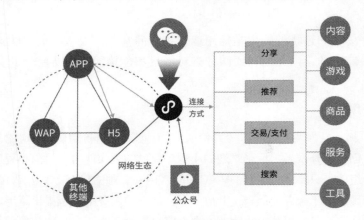

图2-5　微信小程序网络生态示意图

小程序有着长期分享的形态，可以通过社交裂变传播，覆盖所有移动网民，这也使得小程序在金融理财（支付）、旅游出行、移动购物、生活服务、实用工具、政务民生、游戏娱乐（小游戏）等各个场景中有着极大的运营价值。

以移动购物为例，于零售渠道而言，小程序是助力零售渠道运营能力升级的一个重要工具。作为直接触达用户的工具，小程序可以为企业解决：流量获取、会员转化、流量增值、数据沉淀、体验改善等问题。图2-6所示是"扫码购"类小程序运营价值分析。

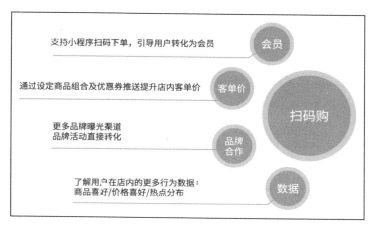

图 2-6 "扫码购"类小程序运营价值分析

而且进一步,零售渠道还可以利用小程序,让供应链上的各个企业优化升级运营流程;供应链上的各个企业可以利用小程序触达、转化更多用户,最终这些用户也会通过小程序的能力不停地被唤醒,达到多次复购和良性循环。

2.3 运营招式概述

运营是为达成业务目标服务的。谈到运营,总是绕不开两个最重要的概念,即运营指标与运营招式。运营指标用于衡量运营的成效,一般可以用数字来描述。而运营招式是实现运营目标的手段、方式与方法。小程序运营也类似,如果不能用指标(数字)来衡量,那无论何种运营招式,都是没有价值的。

2.3.1 小程序运营指标及其定义

微信小程序的基础运营指标主要有**留存率**、DAU/MAU、PV。与业务相关的运营指标还有**会员数**、**商品数**、**订单数**、**销售额**等。与业务相关的运营指标更多是用于运营数据分析,比如销售额走势、最好卖商品的 TOP 100、购买金额最多会员等,这里就不展开了。

留存率

根据微信小程序数据助手上的定义,留存率的算法是:

指定时间内新增(指首次到访)用户,在之后的第 N 天(周、月),再次访问小程序的用户数占比。

假设某小程序第一天有 10 个新用户登录,其中 5 个在第二天都登录过,那么，次日留存率就是50%，到了第七天，第一天的10个人中有3个用户登录了，那么七日留存率就是30%。

形容得再通俗一点，留存率类似于用户回头率。回顾APP时代的数据分析，留存率相当重要，表现在：

- 许多投资人认为，没有留存率就没有任何商业价值。
- 现今APP流量成本已经成倍增长，与其去拉新，还不如留住老用户，提高留存率，这是一个更加高效、经济的运营导向。
- 留存率的高低是决定竞争优势的关键。高留存率的APP，用户活跃度也很高，而更多的活跃用户可以带来更高的竞争力和公司估值。

早期小程序开放的入口太少，留存率低是个普遍现象，以"跑马圈地"为主旋律的互联网从业者认为小程序不够"友好"：入口这么深，好不容易拉来的用户，用一次就走了，很难培养起用户的使用习惯。所以，在小程序早期运营的讨论重点一直放在如何提高留存率。

而如今，小程序入口数量已经突破60个，甚至还有微信首页下拉栏这样的黄金位置，用户习惯早已养成。对于一些好的产品，用户自然可以通过多入口场景找回来。因此，留存率讨论热度也就随之降低。

DAU/MAU

经过一年多的发展，小程序各项数据中，留存率不再是指标之王，越来越多的数据开始被关注，其中DAU（Daily Active User，日活跃用户）最为特别。

在微信小程序的数据统计算法中，无论是新用户还是老用户，只要点击进入小程序，就算一个活跃用户。DAU与传统流量统计工具中的UV（Unique Visitor，独立访客数）概念基本一致。无论是DAU还是MAU（Monthly Active User，月活跃用户），都是依据用户点击做出的统计。这两个指标一般用来衡量服务的用户黏性以及服务的衰退周期。DAU/MAU分别从微观和宏观的角度对服务的用户黏性做了权衡，也可以这么说，DAU更像战术层面的表征，而MAU更像战略层面的表征。

留存率和DAU/MAU的关系

在小程序运营中，留存率和DAU/MAU显示出"双王竞争"的态势，这源于留存率和DAU/MAU两者的"亲密"关系。自移动互联网时代，这两个数据就经常被绑定在一起出现。无论是APP还是小程序，都绕不开"拉新—转化—复购"的终极命题，而留存率和DAU/MAU通过不同纬度的数据解读了这个终极命题：

- DAU 主要反映的是拉新和转化两方面的情况：拉新越多，DAU 越高；日活越高，转化相对就高。
- 留存率反映了转化和复购两方面情况：留存率高，老用户多，转化概率更大；没有留存，复购很难实现。

可见，两者相辅相成，谁也不能少了谁。小程序领域的情况也一样，留存率和 DAU 谁更重要，取决于两大因素：**商业模式**和**产品阶段**。

（1）商业模式

1）以流量为核心的商业模式更看重 DAU。

以小游戏为例，主要看 DAU。因为小游戏是平均留存率高达 45%⊖的领域，小游戏相比整个小程序领域，显现出重 DAU、轻留存率的现象，这与小游戏的变现方式有关。图 2-7 所示是微信小游戏「跳一跳」的界面。

目前小游戏的变现方式只有广告和内购两种。其中，由于 iOS（苹果操作系统）暂不支持小程序虚拟支付，内购只能在 Android（安卓操作系统）终端实现，广告则覆盖全部手机操作系统。

图 2-7　微信小游戏「跳一跳」界面

因而，通过广告变现是不少小游戏的主要收入来源，这种变现方式就需要大量流量作为基础，虽然 ARPU（Average Revenue Per User，每用户平均收入）值低，但是数量大，积少成多。而最能反映出流量情况的，就是 DAU。DAU 高，意味着小游戏流量大，广告曝光量也大。

此外，小游戏领域重 DAU 的另一个原因是，由于小游戏的属性，本身具有吸

⊖ 这是在第七季微信公开课上（2019 年 7 月 11 日），小游戏专场微信官方公布的数据。

引力，只要游戏本身够"魔性"，就能吸引用户几乎每日必玩。

对小程序而言，开发者可以设计出很多刺激用户每日登录的玩法，有效保持高留存率，如每日签到获得奖励、每日挑战一次获得奖励等。图2-8所示即为小程序中每日登录奖励界面示意图。

图2-8　小程序中每日登录奖励界面示意图

不过，有数据显示，获得一个新客户的费用要比留存一个旧客户的成本高七倍。当客户留存率提高5%时，收益可以增加25%～95%。因此，即便采用以流量为核心的商业模式，依然需要重视客户流失的问题。

2）以高ARPU值为核心的商业模式更看重留存率。

与上述以流量为核心的商业模式相对的，就是以高ARPU值为核心的商业模式。

诸如不少内容电商的开发者，对留存率的重视程度就远高于DAU。对他们来说，留存率的意义是，留存率高意味着忠诚用户多，愿意付费的可能性更大。因为ARPU值越高，说明愿意花重金的高端用户越多，产品的盈利能力、利润效益更好。

（2）产品阶段

小程序的发展阶段不同，侧重的运营指标也不同。

"留存率和DAU都比较重要，但我们目前比较看重留存率，这是根据小程序当前的运营目标而定的。"小程序「笔记侠」创始人表示，"DAU是可以通过运营的手段和外部的力量来促进增长的，而留存率是真正能检验内容价值的一个重要标准。"

这是很多优质小程序开发者团队的情况，在初始阶段，他们大多比较看重留存率，因为留存率能反映用户回访的频率，即说明产品是不是真的吸引到用户，真正解决了用户的痛点。他们一边通过迭代优化产品，一边关注留存率，以确定自己的产品是不是真的受到用户的钟爱。当产品基本定型后，就大力推广、运营，争取带来更多的拉新。

在一些竞争激烈的小程序领域，如工具类，则更重视DAU，不能太考虑留存问题，DAU有保障后，才能考虑留存。毕竟当留存稳定了，还能更大程度地加大DAU。"

总之，产品不同阶段的目标，决定了留存率和DAU哪个更受重视：比如当前阶段的目的是以增长为主，那么DAU更受重视；如果当前阶段侧重打磨产品内容带给用户的体验，那么留存率更受重视。

PV

PV（Page View，页面浏览次数）用于衡量用户访问服务的页面数量。这个指标历史悠久，自有互联网建站以来，这就是很重要的指标。不过，进入移动互联网时代，这个指标有些弱化，容易被运营团队忽视。

在小程序中，PV这个指标仍然很重要，它可以给运营团队指出用户喜爱的页面（内容或服务）以及用户使用小程序的路径。另外，对于移动购物而言，这个指标往往与购买转化存在隐含的某种对应关系。据笔者对「白沙溪茶厂」小程序的实际运营经验来看，单个用户在小程序中查看页面次数超过100次，一般会产生下单购买行为（见表2-1）。

表2-1 「白沙溪茶厂」小程序用户页面浏览与订单数据示例

商品 ID	商品 URL	浏览次数	订单金额	订单笔数
910120195416	pages/item/item/5416	2743	8007.50	130
910120192859	pages/item/item/2859	2406	13 622.90	75
910120193015	pages/item/item/3015	1188	6300.60	44
910120195415	pages/item/item/5415	1109	5503.20	51
910120196895	pages/item/item/6895	843	1424.90	4
910120196893	pages/item/item/6893	711	3395.00	35

总之，小程序生态日趋成熟，有众多入口触达用户，用户的小程序使用习惯也培养形成。就运营指标而言，要依据不同的场景类别、产品的商业模式与产品发展阶段，有所兼顾与侧重。

2.3.2　小程序运营招式概述

小程序运营招式是指为了达到运营目标而采取的运营的手段、方式与方法。因此，运营招式的应用，首先要围绕运营目标展开。运营目标的设定则需要聚焦场景，也就是聚焦小程序具体是为哪些人提供哪些连接或服务。

其次则是招式本身，即采用什么样的工具、方式或方法，从哪里引入流量。

运营招式不是唯一的，而是多种多样的，需要组合来进行一体化联动运营。例如小程序零售一体化联动的运营，可以是通过短信、APP、微博、公众号、小程序等触达用户，通过线上优惠分发、传播、扫码等或线下通过门店扫码购等进行下单购买，促成营销转化与会员发展，示意图如图2-9所示。

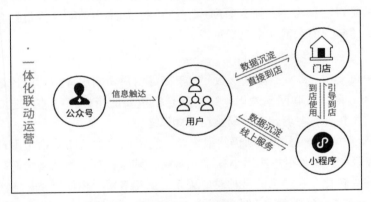

图 2-9　小程序零售一体化联动运营示意图

最后，需要评估、衡量与反馈。小程序除了是人与人、人与服务、人与商品的连接载体之外，还是企业数字化的重要工具。要注意收集小程序运营的数据，以数据来评估运营效果，以数据来驱动优化产品体验，以数据来决策，提升服务能力。

小程序运营招式是本书的重点，从下一章开始，我们将从以下几个维度阐述小程序运营招式：

- 行业运营
- 流量运营

- 商品运营
- 一体化运营
- 微信生态联合运营

希望读者能够深刻理解本书每一个招式与案例，活学活用，举一反三，让每一个小程序都发挥出应有的价值。

第 3 章 Chapter 3

行业运营

小程序是聚焦场景的，而场景又因为行业不同而千变万化，多姿多彩。针对不同的行业，有不同的小程序运营解决方案和运营侧重点。

本章我们将从平台化、供应链、合作伙伴三方面来阐述与行业运营相关的招式。

3.1 平台化

相信每一家企业，不论大小，都有一个做平台的梦想，特别是传统连锁企业、加盟店及具有全国性经销渠道的企业。然而受限于人才、信息化水平及投入程度，在 PC 时代以及 APP 形态时期，这或许只能是一个梦。微信团队推出的小程序，使得企业进行业务数字化、做平台的可行性大增。

企业可以通过构建小程序 SaaS 服务，快速生成小程序矩阵或小程序服务平台。这对于连锁企业、加盟门店及经销渠道，是最有效的企业数字化、扩展业务与发力运营的手段与路径。

3.1.1 连锁加盟企业

连锁加盟企业是餐饮、服装、娱乐、日用百货等行业最为常见的一种商业组织形态。现代连锁加盟企业经营往往有以下三个方面的特征：

1）组织方式的联合化与标准化。把分散的经营店铺联合起来，构成一个由总部和各连锁店组成的一个利益联系紧密的整体，进行连锁经营。连锁经营最大的特征是统一化，这保证了企业可以提供标准化服务和商品，保证价格的优势。

2）经营方式的一体化和专业化。连锁经营实现了采购、配送、批发、零售等方面的一体化。由总部集中进货、配送，各连锁店负责销售，各司其职，实现专业化。

3）管理方式的规范化和现代化。总部通过统一规范的管理制度实施统一管理，设立专业化的职能管理部门。

总部和各连锁店通过通信网络系统实行信息化管理，将总部和各连锁店连成一个整体。像海底捞、全家（Family）、国丰药业、火星工厂（轰趴馆）、Kappa 等都是典型的连锁加盟企业。

场景与痛点

连锁加盟企业正在通过标准化（在店名、店貌、商品、服务等方面标准化）、专业化（在采购、配送、销售、决策、营销等方面实现专业化）、统一化（在商品购销、信息汇集、广告宣传、员工培训、管理规范等方面实现统一化）实现让复杂的商业活动在职能上相对简单，进而实现整体的规模效益。

然而如何将标准化、专业化、统一化落实执行到位，如何实现单店及整体的规模效益，对于连锁加盟企业而言，还存在很多痛点，主要体现在以下几方面：

- 经营理念、思路及学习交流。如何获取最新的行业信息、好的经营理念与思路、好的营销模式等，以及有相互探讨交流、学习的途径与空间。
- 品质与标准的管控。连锁加盟经营，最看重标准的统一，对于品质、价格、渠道等标准不能有效统一管控，将不能形成整体的合力，并会产生"劣币驱逐良币"的困境。
- 整套的营销规划。单店营销可能有针对性，但没有协同效应，而且营销需要一整套的打法规划，持续保持热点。连锁店、加盟店要高度认同、协作，否则容易被动增加人手来跟随总店或厂家，费力不讨好。
- 及时有效的数据反馈。传统连锁加盟店数字化无门，同时也没办法通过数据反馈来及时驱动业务、营销等做出调整。

去中心化的小程序服务平台，刚好可以满足连锁加盟企业的场景需求并解决其痛点。

运营招式 001——构建小程序平台

开发构建一整套连锁加盟企业的小程序系统平台，并私有化部署。这套连锁加盟小程序系统平台主要用到的子系统包括：

- 总部商家平台管理后台（PC）
- 总部商家平台小程序（直营连锁门店小程序）

- 加盟门店小程序管理后台（商家后台）
- 加盟门店小程序

总部商家平台管理后台（PC）的功能模块如图3-1所示。

图3-1　总部商家管理后台（PC）的功能模块

门店小程序前台及商家后台（小程序）功能模块如图3-2所示。

图3-2　门店小程序及商家后台（小程序）的功能模块

连锁加盟小程序系统平台实现了1个总部商家平台小程序商城（直营连锁门店小程序）+N个加盟门店小程序的新零售解决方案：

- 所有直营连锁门店小程序本质是总部商家平台小程序的店中店，不拥有自主结算能力。用户进入总部商家平台小程序（直营连锁门店小程序）后必须授权获取地理位置，系统锁定最近的直营连锁门店。

- 每个加盟门店都有自己的门店小程序。加盟门店小程序的支付款项直接汇入门店自有账户，可以实时查看本门店的所有商品、订单、会员、销售等数据，同时积累沉淀自有会员数据。
- 所有的商品上传、页面装修和活动策划可都由总部完成，没有基础运营团队的加盟门店还可以选择自动跟随总部。助力实现产品营销的标准化、统一化。
- 有特殊要求且有基础运营团队的加盟门店可以自主装修自己的小程序界面及策划自有活动。
- 总部可通过培训提升门店小程序的运营能力，直接实现品牌赋予实体店数字化新零售能力。助力实现连锁加盟运营专业化。

连锁加盟小程序系统平台的亮点功能如图 3-3 所示。

- 根据地理位置智能定位附近的直营连锁门店
- 直营连锁门店的会员、商品和促销等信息共享
- 加盟连锁门店可以自主装修并设置会员、促销信息
- 对于商品支持"不同门店不同库存"逻辑
- 支持门店有货门店发，门店无货总店发
- 总店负责基础功能，门店负责营销落地

图 3-3　连锁加盟小程序平台亮点功能

招式价值点

帮助连锁加盟企业建立线上线下一体化数字化运营体系，以达到经营的标准化、专业化、统一化。以总部为中心，通过小程序赋予直营连锁/加盟店新零售能力。

降低营销成本，提升营销效率。通过统一的营销活动策划与实施（可以多店协作），放大活动效应，有效降低各店的营销费用。

增加销售渠道，提升产品销售额。一般连锁加盟企业都有线下实体门店，本身就是丰富的用户流量入口。通过小程序，将实体门店的线下消费者进行数字化，

增强用户消费体验，同时转化为线上用户，实现价值最大化。

符合未来去中心化运营的趋势。加盟门店有更多的自主权，各有自己的小程序，可以积累私有化流量。

本运营招式适用于超市、服装、茶叶等连锁加盟企业。

典型案例

火星工厂使用连锁加盟企业的小程序系统平台，实现统一的票务与店内消费管理。

火星工厂是一家大型青年文化娱乐综合体（见图3-4）。以娱乐模块（电竞、台球、棋牌、桌游、唱歌等）为载体，打造年轻人的社交根据地，并通过自制IP（Intellectual Property，知识产权）、第三方合作活动等方式，精心打造丰富多彩的社交娱乐内容，营建集群社交的氛围，帮助年轻人建立广泛爱好。

图3-4　火星工厂现场实景

火星工厂总店设在杭州，其发展模式为直营开店与加盟开店相结合，目前在全国开设有十多家线下门店，现阶段仍在快速发展。

无论是直营门店，还是加盟门店，其主营业务均是门票销售，其次是店内小吃、饮品。每家店主要覆盖5千米范围内的年轻人群。按照实际的运营数据，平均每店每月服务人群约5000人次。

火星工厂的门票分为日票、月票与年票，日票又分为平日票、周末票及特定假日票，另外还有团购优惠套票。店内的小吃、饮品包括快消标品与异业合作品（见图3-5）。

在没有使用连锁加盟企业的小程序系统平台前，其营销与售票主要在美团/大众点评上进行，用户购票后到店再核销。每开一家店（无论是直营还是加盟），都要重新在美团/大众点评上做一次上线和营销推广，耗费人力、物力与财力。门票的即时调整费时费力，特别是加盟门店。由于同时存在直营与加盟门店，活动营销策划很难统一进行。同时，用户通过口碑相传，转化购买流程不顺畅。同样，店内小吃、饮品的购买流程也不顺畅。会员的数据基本没有沉淀，转化与跟踪很难实现。对于长期的用户、会员的触达、运营及转化线上服务更无从下手。

图 3-5　火星工厂店中店实景

火星工厂使用连锁加盟企业的小程序系统平台后，在以下多个方面带来了实质的飞跃，大大提升了运营效率与用户体验：

- 用户可以随时拉取小程序进行购票，购票体验更加便捷，复购也更方便。可以通过桌面码，扫码下单所有店内商品（小吃、饮品等）。
- 方便用户使用小程序进行页面转发，提供了小程序海报以便传播。
- 商家可以更容易地通过小程序运营拓客，包括使用传单、拼团、集赞、卡券等。
- 商家可以快速修订门票信息（种类、价格及规则信息等），按需上架店内小吃、饮品等商品。
- 商家可以将外部平台（如美团/大众点评）的客户私有化到小程序中，进一步减少运营成本。
- 商家可以沉淀小程序用户数据，可以长期跟踪、触达有支付行为的用户，增加复购转化以及进一步增加线上运营服务（见图3-6）。

火星工厂使用连锁加盟企业的小程序系统平台进行运营管理，效果非常明显。

从以下某门店的小程序营收数据来看，自小程序上线后，增幅明显（见图 3-7）。

图 3-6　火星工厂扫码购票沉淀会员示意图

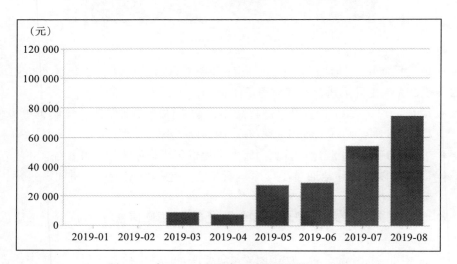

图 3-7　火星工厂小程序上线后购票营收增长

通过小程序成交占比的数据也可以看出，在成交拓客方面，小程序的帮助也非常大（见图 3-8）。

火星工厂广州加盟店（厦滘火星）相关负责人表示，小程序平台非常便利，既方便了用户购票、用户间的口碑相传，也方便了商家拓客，做活动营销，对于票务及商品的修订也非常迅速。更为重要的是，现在火星可以很清楚地看到用户订单的数据变化，对运营决策也很有帮助（见图3-9）。

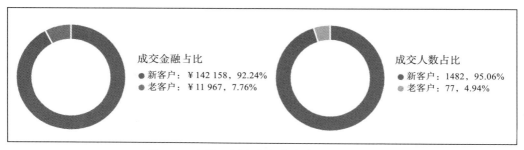

图 3-3　火星工厂小程序成交占比数据示例

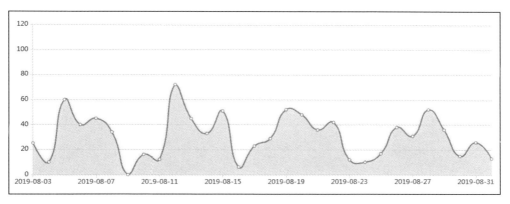

图 3-9　火星工厂小程序用户订单走势

使用微信扫一扫小程序码（见图3-10），可体验本招式案例。

3.1.2　传统经销渠道

传统销售渠道的经典模式一般是：厂家——总经销商——二级批发商——三级批发商——零售店——消费者。这种呈金字塔式的传统销售渠道模式，特点是中间环节多、链条长，在信息不对称的过去，这种销售渠道模式因有广阔的辐射能力，在为厂家产品占领市场上，发挥了巨大的作用。

图 3-10　「厦滘火星」小程序码

场景与痛点

随着信息化及互联网技术的发展，传统经销商渠道铺设已经开始变得相对扁平，但传统品牌行业，如茶叶、服装等行业，信息化仍相对落后，对于经销商渠道铺设与控制，有几个方面一直存在问题，表现在：

- 新品上市，无法及时将产品资料与价格信息同步到所有经销商。
- 产品变化或价格变动也会有滞后。
- 各经销商价格不一，扰乱市场。
- 货品不齐，特别是有收藏价值（越存越升值）的货品，这会影响产品销售及库存变现。
- 存货信息不流通，不透明。有些经销商存货较多，占用资金，而有些经销商缺货、断货。如果能盘活存货，则是多赢局面。
- 经销商总是担心自己的客户被厂家"收割"。经销商努力为品牌打拼，一般会用心经营自己的客户，尤其是线下实体店。然而由于市场环境变化等种种原因，经销商资质或被取消，也可能完全失去客户。这类似于一些电商平台，客户与流量都是平台的，商家对客户缺乏自主可控的能力。

如何管控经销商渠道及其价格体系，如何让经销商放心、让其对客户有自主可控的能力，如何赋能经销商进行数字化营销，都是传统品牌企业当前面临的挑战。

运营招式002——去中心化

为经销渠道体系建立起一整套厂家（品牌企业）与经销商的小程序服务平台，厂家（品牌企业）可以有一个总的小程序，其余每一个经销商开通一个商家自己的小程序，平台私有化部署。与连锁加盟类似，经销商小程序服务平台由四个子系统构成：

- 厂家（品牌企业）小程序管理后台。
- 厂家（品牌企业）小程序（可选）。
- 经销商小程序管理后台。
- 经销商小程序客户端。

经销商小程序平台实现了厂家（品牌企业）管理 + N 个经销商小程序的经销商渠道解决方案：

- 厂家（品牌企业）负责整个后台，进行产品（新品）上架、定价，即所有的商品上传、页面装修和活动策划都由厂家（品牌企业）完成，没有基础运营团队的经销商可以选择自动跟随厂家（品牌企业）。
- 每个经销商都有自己的小程序。各经销商从后台直选厂家（品牌企业）货品到小程序即可。当然,经销商也可以选择上线自己有优势的其他商品。经销商负责本商家的小程序推广,通过小程序销售、获客。

- 经销商小程序的支付款项直接进入经销商自有账户,可以实时查看本经销商的所有商品、订单、会员、销售等数据,同时积累沉淀自有会员数据,实现了经销商的自有客户自主可控。
- 有特殊要求且有基础运营团队的经销商可以自主装修自己的小程序界面及策划自有活动,呈现独有的经销特色。
- 各经销商之间在平台上还可以就各家的商品进行相互代销,实现库存上的互通有无。
- 厂家(品牌企业)可通过培训提升经销商的小程序运营能力,直接实现厂家(品牌企业)赋予经销商数字化新零售能力。厂家甚至可以据此收取订单技术服务费。

经销商小程序平台的亮点功能参如图3-11所示。

图3-11 经销商小程序平台亮点功能

招式价值点

通过构建经销商小程序平台,让传统经销渠道模式的优势得以保留,同时解决了旧有模式中的痛点及难点,赋予传统经销商移动互联网时代的数字化新零售能力,使得经销渠道模式变革升级,重新焕发活力。招式价值具体体现在:

- 即时同步新品,产品信息流传效率提升,有助于占有市场及提升品牌影响力。
- 各经销商价格统一,产品价格变动及信息更新及时,有助于厂家(品牌企业)进行价格管控。

- 货品齐全，且打通了经销商间的存货信息。经销渠道能力得以充分发挥，实现了厂家（品牌企业）、经销商、顾客的多赢。
- 经销商对客户资源自主可控，利用经销商持续经营。

本运营招式适用于建有经销商体系系统的品牌企业、厂家，如经销服装、酒、茶等的企业。

典型案例

安化白沙溪茶厂构建经销商小程序平台，已赋能全国1000多家经销商，让80年的白沙溪黑茶品牌实现再次腾飞。

白沙溪茶厂全称为湖南省白沙溪茶厂股份有限公司，位于湖南安化，始建于1939年，今年是建厂80周年。白沙溪茶厂是湖南省农业产业化龙头企业，是国家民委历年确定的边销茶定点生产企业，历年来挖掘、继承和发展了民间传统茶叶产品天、贡、生尖茶和花卷茶（俗称千两茶），黑茶产品推陈出新，现生产有黑茶七大系列80个品种及规格，形成了边销、内销、外销茶生产同时并举的产业模式。

在营销方面，白沙溪茶厂恪守"精诚携手、共赢天下"的营销理念，坚持互利双赢的原则，已建立起以营销中心作为核心堡垒，以形象店、专卖店为推广基础的主流营销模式，拥有营销网点（经销商）2000多家，营销网络遍及全国。

但长期以来，因受信息化程度的限制及缺乏有效的营销信息化管理系统与手段，经销商渠道的运营管理成为挑战。价格不一、货品不齐、真假难分等现象一直困扰着厂家与经销商。互联网带来的影响及移动互联网时代的到来，让厂家与经销商们更积极地探索如何提升销量、提升渠道价值。面对互联网技术的大潮，白沙溪茶厂负责人表示，拥抱微信小程序，变革产业经销渠道体系，这可能是"茶园＋茶厂＋经销者＋消费者"产业链条模式成功转型的最后机会。

白沙溪茶厂基于对未来的判断，结合新小程序技术以及运用领域内顶尖的营销团队的智慧，于2019年4月完成了中国茶产业领域的一次大变革——完成构建并发布了"白沙溪经销商小程序平台"。

白沙溪经销商小程序平台对于茶厂、经销商及整个茶行业而言，是一场"小程序，大变革"。其作用如下：

- **它是藏宝池**——白沙溪经销商小程序平台，犹如一个储藏着巨大财富的藏宝池，经销商就是一个又一个连接在一起的水龙头，不论消费者从哪里来，想买什么，经销商手中是否有库存，只要是这个平台上有的商品，经销商就可以提供。
- **它是裂变器**——小程序快速拉近商家与用户之间的距离，让用户从消费者变为分销商，自己购买省钱，分享出去还赚钱，打破传统的营销模式，快速达到裂变的效果。

- **它有征信体系**——除了可见的财富，小程序平台将用严格的、可追溯的信用评估、评价体系，去中心化的信用背书，准确地记录客户访问过哪些经销商，准确地分配经销商的流量带来的财富流。经销商自己的流量，是声誉和信用的"温度计"和"风向标"。
- **它是扩容器**——无限扩大是它的优势之一。也许经销商的"实体门店"只有 10 种产品，但是在小程序平台上，经销商可以卖 1000 种以上的产品。
- **它具有独有性**——经销商小程序平台具有独有性，小程序是经销商的，收入是经销商的，消费者是经销商的，分销商是经销商的，一切的努力带来的收获都是经销商自己的。

数据显示，白沙溪经销商小程序平台于 2019 年 4 月 16 日上线后，展开分享传播动作，随即引发裂变效应，72 小时引爆近 60 万次点击量，共有 3.5 万位客户成为平台会员（见图 3-12）。上线后通过集赞送茶和点赞送券活动，共有 867 位客户领取赠茶产品；成功产生的销售订单共 550 单，成交金额超过 10 万元。

通过小程序，白沙溪茶厂推倒了隔在经销商和每个消费者之间的"墙"；通过小程序，经销商背后拥有了巨大的"共享产品池"，真正实现厂家、经销商、消费者一体化。小程序这种杰出的"互联、互通、互融、互赢"的能力，让过去那种松散的、单独的、僵化的经销模式成为历史。

拥有 80 年发展史的民族黑茶品牌白沙溪，正在通过经销商小程序平台实现品牌发展的再次腾飞。

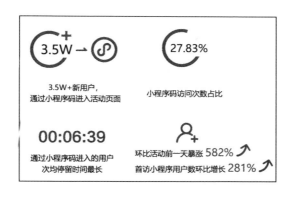

图 3-12　白沙溪经销商小程序平台上线运营效果示例

使用微信扫一扫小程序码（见图3-13），可查看本招式案例。

3.2 供应链

图3-13 「白沙溪茶厂」小程序码

供应链是指产品生产和流通中涉及的原材料供应商、生产商、批发商、零售商以及最终消费者组成的供需网络。在这个网络中，每个贸易伙伴既是客户的供应商，又是供应商的客户。

供应链管理所要达到的目的就是对现有的供应链进行有效整合，建立协调有序的贸易伙伴关系。越来越多的企业认识到竞争的含义不再是以往意义上公司与公司之间的竞争或品牌与品牌之间的竞争，而是供应链与供应链之间的竞争。供应链的管理与企业的市场竞争优势已经密不可分，丰田、沃尔玛、戴尔的成功都是供应链整合优势的代表。

供应链整合即优化、增强企业和它的供应链伙伴的战略性合作程度。通过协调管理组织内部和组织之间的业务流程，实现有效果、高效率的物流、信息流（资讯流）、资金流、价值流和业务流的管理。其目标是以低成本和高速度提供最大的价值给客户。

场景与痛点

一条典型的供应链包含供应商、制造商和客户，因此，供应链整合的概念包含三个维度：供应商整合、内部整合和客户整合。内部整合关注制造企业内部的活动；客户整合和供应商整合属于外部整合，关注的是组织间的整合。

供应链管理涉及由客户、供应商、制造商和分销商组成的网络中的物流、信息流和资金流。物流包括两个方面：一方面是贯穿整个链中的从供应商到客户的有形产品流；另一方面是经由产品退货、维修、回收和处理而形成的逆向物流。信息流主要反映订单的传递与交付状态。资金流则包括信用、支付、托收/托付和发票等。这些公司内部以及跨越公司之间的流的整合与协调是使供应链管理有效的关键。可见，供应链的管理与整合是非常复杂的。

运营招式003——小程序供应链平台

使用小程序供应链解决方案，开发一整套小程序平台（包括用户端小程序、平台端管理后台、平台管理小程序、商家管理后台、商家管理小程序、门店小程序等），打造前端拓客、锁客、留客的闭环，同时整合后端源头供应链，大幅改善门店参与感,提升客户体验,实现平台、商家、门店及用户多赢。小程序供应链平台突出的功能特点如图3-14所示。

图3-14 小程序供应链平台的功能特点

小程序供应链平台主要包括:
- 平台端一般是具有行业影响力的商协会。有能力号召或寻找、整合优质商家入驻,通过平台系统提供新的营销信息化通路(渠道),帮助商家实现系统化、数字化运营。
- 商家端是同一个行业内各品牌主或生产商,负责提供品牌货源的设计、生产及货品发送、售后服务等。商家同时可以配置企业分销与个体分销,为品牌进行拓客。系统支持商家按成本供货和品牌控价两种模式。
- 门店端是有客流或者服务区域的实体售货终端,可以是商家现有的经销商,也可以是个体经营店。本解决方案包括在门店端配置多媒体互动大屏,以便通过大屏轮播广告图片或视频(带小程序码),吸引客流及提升品牌推广价值。
- 用户端是货品或服务的最终消费者。用户通过线下门店获取产品体验、购买优惠及完成交易,同时通过门店小程序或扫码支付也转化为门店的线上、线下联动消费的会员。

总体而言,通过小程序供应链解决方案,顾客更容易买到性价比更高的商品,获得更方便、周到的购买体验;门店可以直接获得品牌商家(厂商)的优质一手货源,砍掉中间商成本,加速了信息流转,破除了中间信息不对称,丰富了店内商品品类,增强了获客及客户留存能力,可以提升售卖能力及销售额;商家流程得到优化,大幅降低库存,同时有了一手的反馈数据,可以快速响应市场,满足客户需求变化;平台与门店都可以共同策划营销活动方案,产生协同,提升顾客活跃度和复购率,进一步降低获客成本。

招式价值点

整合行业供应链，打造行业资源平台，实现多方共赢，最大化新零售效益。

典型案例

穗港澳服装业联合会㊀及广州市服装服饰行业商会㊁通过使用小程序供应链解决方案，整合优化行业供应链，打造新零售优质体验，让客户参与产品定制，开启了数字化转型的新局面。

近年来，服装行业面临重重挑战：电商的冲击、国外服装品牌"无距离"购买、生产往人力成本更低的区域转移等，服装行业的上中下游各个环节，从生产到销售，无不在焦虑如何转型。

相比国际品牌，国内品牌服装在品牌号召力、快速反应能力、全球资源整合能力、品牌文化等方面都有差距。但中国在互联网，特别是移动互联网应用上具有优势，如何借力移动互联网破解服装行业的困境，提升企业及品牌的竞争力，成为穗港澳服装业联合会、广州市服装服饰行业商会重点探索的方向。

广州服装服饰行业商会执行会长，穗港澳服装业联合会法人杨先生看好小程序生态。他着眼于服装行业的多个痛点：

- 顾客回购率低，无法有效激活。
- 消费即结束，不能主动介绍。
- 传统营销方式，传播慢，效果差。
- 团购平台接触不到客户，无法做二次营销。
- 客户对于办理会员卡警惕性高。
- 顾客消费少，客单价无法提升。
- 支付平台众多，收银台混乱。
- 无法与顾客互动：老顾客不活跃，复购率低，抓取客户信息困难，互动没有渠道，互动手段不吸引。
- 新顾客引流困难：新店开张，客源少，缺乏与客户的有效沟通，引流渠道少。

㊀ 穗港澳服装业联合会（Guangzhou, Hong Kong, and Macao Garment Industry Association，GZHKMGIA，原穗港澳制衣业厂商联合会）成立于1993年12月，经广州市民政局核准登记，是具有法人资格的非营利性社会组织。成员构成为广州、香港、澳门地区服装行业以及相关行业的企业、团体、个人等，现有会员90多个。

㊁ 广州市服装服饰行业商会（Guangzhou Garment and Adornment Industry Chamber of Commerce，GZGAICC）成立于1988年12月，是具有法人资格的非营利性地方民间社会组织。成员包括广州地区服装生产企业，面料、辅料企业，服装品牌企业和相关行业的企业以及团体会员，数量超过300家。

- 缺乏消费增值模式：广告成本高，效果差，发传单顾客不看，到店少，除了本店收益，没有别的跨界收益，面临消费增值时代，跟不上步伐。

杨先生结合小程序的供应链整合能力与商协会的资源优势，提出了衣画新零售智慧门店平台产品。产品整合优化了服装行业供应链，打造新零售优质体验，让客户参与产品定制，开启了服装行业数字化转型的新局面。

衣画新零售智慧门店平台产品的特点包括：

- 平台整合了画家、设计师资源。与上千名书画家、设计师合作，共同打造衣画潮流，拥有庞大的衣画云端数据库，聚集大量设计素材。
- 综合环保型油墨、高光快干不结皮油墨、3D 环形打印机、3D 定位技术等多项发明专利，开发智能人工互动一体机、3D 打印机等先进营销与生产设备。
- 整合后端服装厂家生产供应链。综合服装生产所需的要素，砍掉中间商环节；将货源厂家纳入平台，消除生产要素间的信息不对称；确保门店经销商可以直接获得厂家的优质产品一手货源。
- 构建前端拓客、锁客与留客的闭环：
  - 拓客：门店内配置多媒体互动大屏，以便通过大屏轮播广告图片或视频（带小程序码），吸引客流及提升品牌推广价值；店外商圈广告导流，包括但不限于附近微信朋友圈/公众号/商圈商户支付有礼广告，用户领取代金券，到店使用微信支付时自动核销，推广效果闭环，为商户带来营业额和品牌提升。
  - 锁客与留客：结合小程序和公众号等产品的关联和触达能力在自助设备上做延伸，帮助商户连接用户；自助收银结合人脸支付提升效率体验，实现数字化运营。
- **打造新零售新奇用户体验，让客户参与产品个性定制。**开发定制功能，结合多类服装标款、画家与设计师作品或自创作品，通过多媒体智能互动终端/小程序商城下单，商家/厂家按需按量生产，甚至可以做到现场制作，现场获取。

个性化定制产品独一无二（见图 3-15），深受用户喜爱。

目前，作为平台产品的服务端，商协会还提供以下服务：

- 培训支持：设立培训中心，通过线上或线下为厂家、店家提供服务操作、销售方法、案例借鉴等多角度培训。
- 服务支持：服务中心随时处理商户遇到的各种问题，提供设备维护，设备软硬件售后、升级等多种服务。

- 物料支持：提供包含产品服务宣传册、商户陈列宣传材料、包装袋在内的多种物料支持。
- 运营推广支持：通过搜索引擎、行业网站、社交平台、实体广告、微信流量等多种渠道宣传产品服务，获取的资源与客户信息直接转给区域门店。

图 3-15 衣画个性化定制服装商品示意图

穗港澳服装业联合会及广州市服装服饰行业商会创新下的衣画新零售智慧门店平台产品，通过使用小程序供应链解决方案，为传统企业数字化转型、整合优化行业供应链提供了一个非常好的思路与标杆。

使用微信扫一扫小程序码（见图 3-16），可查看本招式案例。

图 3-16 「衣画」小程序码

3.3 合作伙伴

专业市场或者批发市场经营是历史悠久的经营模式。传统批发市场曾经给大量的从业者带来机会。租个门市和仓库，囤一批货，再找几个业务员出去跑业务，然后达成交易，生意就这么做成了。但是市场环境的巨变，特别是互联网的兴起，改变了人们的购物习惯，也让销售渠道变得更透明。传统批发商的生存空间不断受到挤压。

专业市场或批发市场业务是典型的 2B（即 to Business，针对企业服务）模式，即批发商与客户（商家）的关系都是合作伙伴关系。

场景与痛点

过去许多商家都是在批发市场（或批发商处）拿货后再往外卖，但无论是商家还是批发商，如果单纯采用传统模式，生意一般都没有以前兴隆，也许是以下几个原因造成的：

- 互联网、电商的冲击，大环境下，传统经营模式势必会受到影响。
- 同行较多，竞争激烈。产品雷同，若没有自己的特色，客户的选择可以很多。要想胜出，须在某些方面取得优势，例如价格、质量、服务。为了更好地销售，很多批发商最先想到的往往就是价格。不过，经过连续不断的降价，利润也会越来越少。所以在适当降价的同时，把握产品的质量，做好周到的服务，才是最根本的。

面对互联网及电商的冲击，很多传统批发商与商家都尝试了网络工具或订货软件，但由于没流量或量小、难以标准化、没有网络运营经验等，收效甚微。

因此，专业市场与批发行业的痛点是非常明显的，表现在：

- **信息化程度很低，销售协同性差**。对于许多从事线下批发的批发商来说，他们习惯了传统的批发模式，不管订单大小，大多仍采用手动抄写的记录方式，如果碰到打电话订货下单的客户，则很容易出现忘记发货、漏收货款等问题。传统批发行业在信息化管理销售上投入力度低，从而导致销售的协同性变差，小至客户流失，大至账目混乱，甚至可能面临倒闭。
- **"线上+线下"融合缓慢，导致成本无法维系**。随着移动互联网时代的到来，许多批发商户还没有接触过网上订货软件，甚至连电脑可能都没有。由此不难看出，在客流量越来越少、资金越来越高的经营环境下，大多数商户还没有从传统的经营思想中走出来，更谈不上运用互联网的方式进行销售管理了。

  拿办公用品批发商举例：首先，大部分批发商无法为客户提供一站式的采购解决方案，与普通电商网店趋同，从而造成客户黏性降低，客户易流失。其次，由于办公用品多品牌、多品类、多规格和多材质的特点，且市场价格多变，造成了对办公用品批发业务管理的难度加大，客户下单不仅需要反复确认价格和库存，而且订货周期被拉长。而线上电商平台有明显的采购突发特点，特别是"双11"等采购旺季来临前，订货量激增，需要雇佣大量人员来应对快速增长的订单量，来保证较高的订单处理效率和正确率，使得批发企业的运营成本进一步提高。

- **传统专业市场存在的痛与难**。传统专业市场有3个角色：批发市场、档口商户及采购商家。批发市场具有销售覆盖范围有限、分销渠道地位不稳、交易方式及效率低下的痛点；档口商户则存在营销模式单一、坐等客户上门、租金成本高且应对上涨无力、三角债严重、信息化程度低的问题；采购商家有选货难、进货累、换货麻烦的痛苦。

对于批发行业来说，**批发商家与采购商家是生意上的合作伙伴**。目前急需一套功能相对完善，兼具易用性和实用性的平台，让合作伙伴可以有效地进行信息化管理，使得销售管理（库存管理、订单管理、客户管理）进入移动信息化时代，解决当前的问题，最终提升整个批发行业的经营效益。

运营招式 004——小程序批发平台

使用小程序批发商解决方案，开发构建一整套小程序平台（包括订货小程序、平台端 PC 管理后台、平台管理小程序），平台子系统示意图如图 3-17 所示。该平台可以有效地解决批发商家与采购商家信息交流与销售管理的痛点问题，合作伙伴双方均可实现降本增效。

图 3-17　小程序批发商平台

通过批发商小程序平台，可以实现：

- 批发商仅通过一款订货小程序即可连接任意多个采购商，实现高效发布货品及订购货品。
- 批发商可以在后台对采购商进行等级设置，不同等级的采购商可享受不同的订货价格。
- 批发商可以自定义支付方式，方便不同的采购商进行支付。
- 采购商直接通过订货小程序进行选品、自助下单订货，不需要来回沟通、确认。

- 系统支持订单多用户提醒，确保及时响应并交付货品。
- 批发商可以很方便地通过后台进行订单管理、数据统计。

招式价值点

小程序批发商解决方案的价值非常显著，包括如下几点：
- 方便易用，上手快。对于信息化程度低的批发行业而言，批发商与采购商都乐于接受，易于实施落地。
- 漏单错单不再有。过去通过电话、短信或微信下单的采购方式，容易造成听错信息、漏单、来回确认效率低下、多头对接发货不准等问题，使用小程序后，这些问题基本得到了较完美的解决，而且提升了效率。
- 新品上线，采购商一目了然，这使得批发商可以更适时地推出新品推广信息，而且成本更低，新品业绩更易攀升。
- 批发价格不会乱。各个采购商所享受的价格折扣因采购量不同而有所区别，而具体折扣系数往往由批发商老板确定，这导致很多时候老板需要跟单，很忙也容易出错。小程序批发商平台彻底解决了这个问题，让普通职员也可以跟单。
- 采购商与批发商各自的账目都非常清晰，并且有据可查。

毫无疑问，小程序批发商解决方案可以应用于大多数批发行业，如服装批发、美妆批发、电器批发、食品批发、用品批发、医药批发等。

典型案例

绿宜寿米业使用小程序批发商解决方案，提升了业务运营效率及采购客户体验，减少漏单错单情况，在信息化管理与数据运营的道路上，迈出了可喜的一步。

绿宜寿米业隶属于广东绿宜寿后勤服务管理有限公司。公司成立于2012年，业务范围为谷物副产品批发。一直以来，绿宜寿米业与采购商主要通过微信沟通，漏单、响应不及时、沟通效率低等问题一直困扰着企业的管理者。

在得知小程序批发商解决方案后，绿宜寿米业管理者当即决定要上线系统。大约一周后，「绿宜寿米业」订货小程序成功上线（见图3-18）。

经过一段时间的运营，绿宜寿米业公司管理者反馈，订货小程序使得订单信息标准化了，大大提升了订单管理效率，客户（采购商）使用方便，体验满意，可即时提醒多个跟单同事，不再是单线对接，也再没有漏单的情况；使用手机可以很方便地实时查看运营数据。

使用微信扫一扫小程序码（见图3-19），可查看本招式案例。

图 3-18 「绿宜寿米业」
订货小程序界面

图 3-19 「绿宜寿米业」
小程序码

Chapter4 第 4 章

流量运营

天下苦流量久矣。在十几年前的门户时代，大家就抱怨流量都被门户网站吸走了，在搜索引擎时代抱怨流量都被有钱的品牌竞价买走了。这几年，创业思路是"先烧钱吸流量，再变现"，最终不可避免地加剧流量向巨头汇聚，使流量获取成本只增不减。

整个大环境下，流量越来越贵。对于商家而言，不管线上线下，都有对流量的需求。过往线上商家，还可以通过"采购"或"互换"获得电商平台渠道流量，现在线上线下融合，对于以销售为目的商家而言，流量成本是一方面，精准流量更为重要。这也导致近年来微信、抖音、快手、微博等平台上社交、社群、直播等私域流量兴起。

本章将阐述什么是私域流量，如何通过小程序运营来获取流量、打造私域流量并设法提升服务能力或营收转化。

4.1 私域流量

2019 年，一个全新的名词"私域流量"频繁进入我们的视野，它伴随着社交电商和微商而出现，但它其实不是一个局部的概念，事实上它已经悄然改变着整个营销格局。

随着"私域流量"这个话题的火爆与升温，很多企业言必称"私域流量"，那到底什么是私域流量？私域流量有何优势，会如何演变？如何获取、运营私域流量？下面将给出答案。

4.1.1 什么是私域流量

互联网的兴起，丰富了很多术语的含义。"流量"二字之于互联网，是指网站的访问量。过去常用两个指标来衡量互联网的流量，即 PV（Page View，页面浏览次数）和 UV（Unique Visitor，独立访客数），这两个指标我们在 2.3.1 节已有涉及。我们经常听到的"IP 数"、DAU、MAU 都类似于 UV，是用来描述流量的一些指标。

到今天，"流量"一词已成为线上线下运营的一个重要概念，它相当于传统商场里的客流量，也代表了（网站或应用上）某个事件、人物、物品或服务受欢迎的程度。客流对于商场非常重要，同样地，流量对于互联网应用或服务也异常重要，往往是互联网应用或服务价值的体现。那么这些流量是属于谁的呢？谁是这些流量的受益者呢？

这就引出了公域流量与私域流量两个概念。商场的客流是属于商场的一众商家所有的，对于某一商家专卖店而言，是公共流量（公域流量），但如果某个顾客进入专卖店购买商品并成为会员，那么这个顾客对于专卖店而言，是私有流量（私域流量）。同样地，对于网站而言，流量是属于网站主的，比如淘宝的流量属于阿里巴巴，百度搜索的流量属于百度。

按照大家公认的理解，**私域流量一般是指品牌、商家或者个人所拥有，可以自由控制、免费的、持续多次被使用的流量**。与之对应的，是公域流量。公域流量一般是指在类似于百度、天猫、头条等流量聚合平台下，可通过平台算法（搜索或推荐），或通过购买，或是 SEO（Search Engine Optimizer，搜索引擎优化）等运营手段而获得的、平台分配的访问流量。

也就是说，通过判断流量所有权可以划分出公域流量与私域流量。但这两者是相对概念，理论上讲，也不存在绝对的公域流量。例如，从百度的搜索结果里打开了淘宝，淘宝里的流量相对于百度就是私域流量，而百度的流量相对于淘宝就是公域流量。从淘宝里打开一个网店，网店里的流量相对于淘宝就是私域流量，而淘宝的流量相对于网店又成了公域流量。公众号的流量相对于微信就是私域流量，微信的流量相对于公众号就是公域流量，但是微信的流量相对于苹果 iOS 就是私域流量。

私域流量一般来说是有载体的，我们常见的个人的微信号、QQ 群、微信群、企业的微信公众号、服务号、小程序、自主 APP、抖音、微博号等都是私域流量的载体。

私域流量往往需要通过沉淀及积累来获取，它更加精准，转化率更高。主要例子有微信公众号内容推文所带来的加关注的微信用户、看到微信朋友圈分享的内容而进群的用户、淘宝直播的粉丝等。私域流量看上去不是全新的东西,为什么现在突然就火爆起来、备受重视了呢?

4.1.2 私域流量的演变

私域流量今天之所以备受瞩目,源于社会技术发展,以及传播途径、消费观念及流量主变迁。

在没有互联网的时代以及互联网发展初期阶段,电视媒体拥有大量流量,很多企业都会在电视上播放自家产品的广告,后来,到 PC 互联网时代,大家懒得记网址,查询信息时一般会使用搜索引擎。各个网站对搜索引擎十分友好。彼时流行的一个词叫 SEO(Search Engine Optimizer,搜索引擎优化)。网站主会设法优化自己的网站,以便让搜索引擎可以更好地、更多地收录,方便用户找到自己的网站。

随着智能手机的普及与移动互联网的发展,最常用的互联网终端转变为智能手机,入口也就逐步演变成各个 APP 了,超级 APP 就成为新的、重要的流量主。社交通信常用微信、QQ,看新闻常用微博、网易新闻、腾讯新闻、今日头条等,看视频常用爱奇艺、腾讯视频等,顶级流量主再次变迁,BATT(百度系、阿里系、腾讯系、头条系/字节跳动系)成为流量霸主。

QuestMobile 数据显示,BAT(百度、阿里、腾讯)三家用户渗透率均超过 80%,汇集了主要的移动互联网的流量。头条系凭借短视频产品逆势突围,月活用户规模同比增长超 20%,流量聚集明显(见图 4-1)。

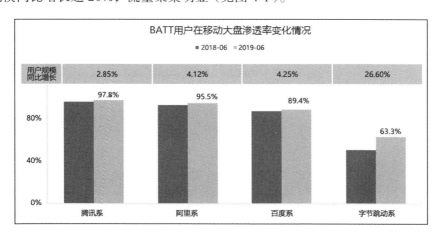

图 4-1 BATT 用户在移动大盘渗透率变化情况示例

注:巨头系 APP 指各巨头旗下 MAU ≥ 100 万的头部 APP
来源:QuestMobile

智能手机的广泛普及使得人口红利开始进入尾声。数据显示，用户平均每天花在移动互联网的时间近 6 小时，但时长增速有所放缓（见图 4-2）。

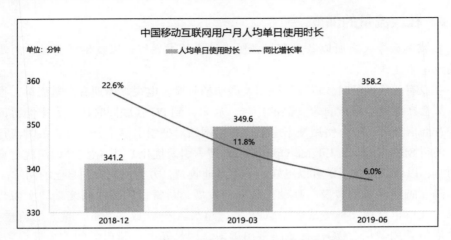

图 4-2　中国移动互联网用户月人均单日使用时长

来源：QuestMobile

人口红利见顶、内容的过剩等因素，使得流量市场进入存量争夺的时代，大家开始争夺存量用户的使用时长。QuestMobile 数据显示，BATT（百度系、阿里系、腾讯系、头条系）占据全网 70% 的用户使用时长，如图 4-3 所示，其中，字节跳动的时长占比增长最快，扩大至 11.7%。

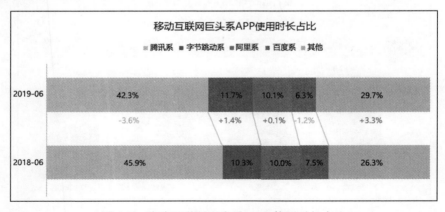

图 4-3　移动互联网巨头系 APP 使用时长占比

来源：QuestMobile

内容的呈现方式也在变化，更多的是以图片、长视频、直播、短视频等富媒体形式呈现。数据显示，从时长增长情况来看，娱乐化内容消费依然是时长增量的主要来源，尤其是短视频行业，贡献了六成以上的整体时长增量（见图4-4）。

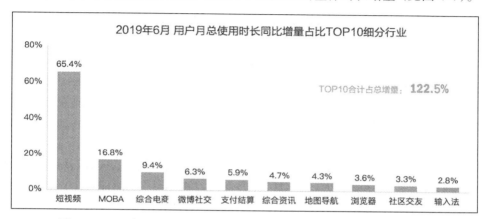

图4-4　2019年6月用户月总使用时长同比增量占比TOP10细分行业

注：使用总时长增量=2019年6月值–2018年6月值增量占比＝某细分行业总时长增量/移动大盘时长增量

来源：QuestMobile TRUTH 中国移动互联网数据库（2019年6月）

显然，百度这类搜索引擎的入口的重要性开始下降，流量话语权再次易主。

移动互联网时代内容为王，有内容才能吸引特定的用户。知识、兴趣、爱好、意见越来越垂直划分。用户得以群分，KOL（Key Opinion Leader，意见领袖）成为消费领头人，KOC（Key Opinion Consumer，意见消费者/素人博主）、网红、达人成为流量集中点，粉丝经济精准、高效。**私域流量得以崛起**。

例如，2018年1月16日，网易云课堂推出"开年运营大课"。课程仅售39元，通过"一级分销60%收益＋二级分销30%收益"的模式，调动了大批微信用户进行自己的私域流量变现。从16日晚间8点上线，不到16个小时，累计售出课程超过13万份。某个普通用户利用自己朋友圈私域流量分销，一个晚上获得700多元的分成。

由上面的例子，我们发现，私域流量的量不一定大，但特别精准，且因有信任背书，其转化与变现能力更强。

私域流量的演变，与互联网技术、产品与服务以及用户消费三者的变化密切相关。

4.1.3 私域流量的优势与价值

通过私域流量定义与演变的介绍可知，私域流量具有显著的优势，表现在：

- 性价比高。向私域流量里的用户展示、推荐信息，是不需要额外付费的。
- 持续性强。只要私域流量用户不离开，就可以持续地向用户推荐、展示信息。
- 双向交流。流量主与用户之间的关系是平权关系，可以互动沟通。
- 稳定性高。私域流量里的用户一般用完不会走，仍然沉淀在平台内。

结合私域流量的优势，我们认为，**私域流量的价值在于精细化流量运营、重新定义营销**。综合总体流量概念来看，当今时代，公域流量适合做品牌，私域流量更适合做转化。

把互联网当作连接用户的基础设施，首先宜通过合适的工具及其组合，比如公众号、群、甚至分销，建立起与用户的连接，积累与沉淀出自己的私域流量。然后将自己的私域流量逐步运营起来，了解用户，建立起用户与私域流量主的信任关系，并提供最适合用户的产品与服务。最后在长期的运营服务过程中，逐渐实现购买转化和复购。私域流量积累越多，越了解用户，与用户的关系（信任度及亲密度）越紧密，未来的营销成本就会越低，营销的效益就会越高。

4.1.4 打造与运营私域流量

私域流量具有多方面的优势，非常具有营销价值，那么如何打造出自己的私域流量并合理地运营呢？

构建私域流量

构建自己的私域流量池，常见的三种方式如下：

- **优惠引导**：常见的形式有扫码领红包，下载 APP 送现金，扫码送礼品，扫码送资料等。这类形式简单直接，见效快，效果明显，但是缺点非常显著，成本太高，而且用户的二次留存率极低。
- **产品/内容吸引**：通过高性价比的产品、优质的内容打动用户，形成转化。在公众号发文章就是常见的一种形式。像"兽楼处""格隆汇"等都是以好内容吸引用户的成功例子。
- **"暴力"添加**：这种方式常常见于微商，通过各种形式、各种机会添加微信好友，然后再"暴力"刷圈卖货。

不论是个人还是企业，最好是通过优势产品和内容本身来吸引用户关注，因为这种用户黏性最强，容易留存，也是最有价值的流量。

运营私域流量

私域流量的运营,本质是经营流量主自己(载体),而非流量(用户)。运营前要厘清两者的关系。常见的私域流量载体有小程序、个人的微信号、QQ群、微信群、企业的微信公众号、服务号、自主 APP、抖音、微博号等。以个人微信号的私域流量为例,流量主即微信号主人,是载体,流量即其所有的微信好友,是用户,两者的关系有五个层级:

- 亲密关系:亲属,恋人等。
- 紧密关系:同学,好友,闺蜜。
- 一般关系:商业伙伴,单位同事。
- 社会关系:关注粉丝,朋友的朋友。
- 陌生关系:被莫名加的好友,关注的品牌公众号,竞争对手,服务与被服务客户用户。

五种关系中,能够产生变现的流量,往往是紧密关系、一般关系、社会关系三种类型,而且变现的价值,是从陌生关系向紧密关系逐层递增的。所以,运营私域流量的核心工作,本质上就是把陌生关系、社会关系,逐步运营成为一般关系和紧密关系的过程。这个过程叫作流量(用户)的运营。

私域流量的运营包括四个关键环节:打造人设,积累势能,获取信任,提供价值。

打造人设是运营私域流量的根基环节。"人设"字面意思是指人或物的设定。从用户体验的角度,"人设"的感知大概可以分为五个层面(见表4-1)。

表4-1 人设感知与定位

人设层面	含 义	举 例
外在层	用户/好友能感知到的属性或内容	如仪表、穿着、朋友圈、谈吐、文章等
角色层	是指社会地位及身份等属性。例如小程序/微信号/公众号主来自于哪里,从事什么工作,专业方向是什么,处于什么级别?角色属性决定了用户(流量)对载体的态度	例如在社会活动场景中(如在银行里、在飞机上),所遇到的服务人员对不同客户的态度、礼仪、言辞,通常都是根据这个客户的角色而有所不同的
资源层	是指载体(流量主)拥有什么资源,以及资源的价值。资源层对构建角色很有帮助	如格隆汇是分享和探讨港股、美股中概念股等的投资线索、投资机会与投资心得的公众号
能力层	是指载体(流量主)具备什么样的特质,拥有什么样的能力,可以实现哪些目标或解决哪些问题。同样,能力也是构建角色的重要方面	如「南航e行」小程序为南方航空的旅客提供航班动态、选座&办登机牌、特惠机票、机票退改、电子发票等服务
初心层	是指载体(流量主)想要什么,要做什么,最终极的目标是什么	如为用户提供优质商品

我们看一个人的朋友圈或者看企业的公众号时，表面上是看到这个人或企业的外在。但本质上，看与不看，很多时候与其角色相关，而角色是由资源和能力来决定的。同时，外在、角色、资源与能力的呈现，都反映这个人或企业的初心。

所以，做私域流量之前，一定要考虑清楚为什么要做，终极要达到什么目标，采取什么战略，具备哪些资源与能力。

考虑清楚之后，开始打造人设。当然，仅有人设是不够的。打造出的人设能否让用户认可和接受，并且愿意为这个人设下的产品和服务付费？这就涉及运营私域流量的第二个关键环节：**积累势能**。

势能通俗地讲就是影响力，它构建在人设之上，是获取别人的信任和依赖的必要条件。一个具备高势能的人，可以影响非常多的人。

势能一般由以下几个核心点构成：

- 信息来源。信息来源越广，势能越高。
- 知识经验。知识经验越多、越丰富，势能越高。
- 独特见解。见解或观点越独到、越有深度，势能越高。
- 速度。具有第一手的、越早提供的信息，势能越高。
- 价值。提供正确而且对他人有价值的内容，可积累更多势能。
- 持续性。能持续不断地输出，可更好地积累势能。
- 沟通技巧。越善于表达，越易于交流沟通，越能积累势能。
- 正面。热爱新事物，关注趋势，关心变化，持有愿意接受改变等正面、积极的态度，则更容易积累势能。

KOL 就是具备高势能的一类人群，他们多是在某一个领域或者某一个行业的权威人士，拥有更多、更准确的产品信息，且为相关群体所接受和信任。具有一定的人格魅力，可通过高度活跃的文字、图片、文章、社群等各种传播媒介，向用户展示出自身的势能：有趣、好玩、专业、有内涵、观点独特、睿智、有情怀、资源丰富……显然，KOL 这类拥有势能的人，可以让用户在很短的时间内从人群当中识别出来，并予以关注。

虽然 KOL 非常专业，有强大的势能（一般是产品和服务的初期用户及权威人士），但若想产生更大的影响，获取更多的关注，就需要将 KOL 的势能放大。在营销界，有一个著名的"1-9-90"理论，即产品人群大概分成 1% 的尝鲜用户，9% 的早期用户，90% 的跟随用户。如果用"1-9-90"理论来解释，KOL 这部分人就是"1-9-90"理论中的 1%。

我们可以利用"1-9-90"理论进行 KOL 势能的放大，形成波纹效应，可 N 次传播，影响更多的人。依据"1-9-90"理论，实施 KOL，先影响一批核心用户（专业人士、VIP 社群），再通过这批核心用户扩散势能到朋友圈、公众号、短视频、微博等各种媒介，来放大这种势能。这就是势能放大公式：KOL + 社群（VIP、核心用户等）+ 媒介（朋友圈，公众号，短视频，微博等）。

以《新营销》作者刘春雄老师来举例，刘老师的势能放大公式可以这样表述与理解：

刘春雄老师 + 刘春雄新营销群 + 刘老师新营销（公众号）/ 核心用户的扩散

KOL 就是刘春雄老师，他具有专业观点与见解输出，是 1% 的尝鲜用户。

社群指的是刘春雄新营销群，他通过具有共同话题的群用户进行话题发酵，影响一群专业的核心用户，产生波纹，实现了对 "9%" 的人群进行影响。

媒介包括刘老师新营销（公众号）、社群里核心用户的传播，以此进行观点放大，面向 90% 的人群释放声量。

打造好人设，积累出势能，实际上对于私域流量运营而言，意味着有了很好的基础，可以沉淀出可观的用户流量池。但在流量主与流量（用户）的关系层面，更多的还只是陌生关系，因此，对于私域流量的营销变现以及持续复用，还需要接下来的两个关键环节，就是获取信任与提供价值。

获取信任是私域流量运营变现的必要条件。通过打造人设，积累势能沉淀而来的私域流量是一个平权集合，即一群人为了一个相同的目的而做事情的集合。但在这个集合中，流量主与流量（用户）多是陌生关系。而信任是交易关系的基础，如果不能够构建起对流量主的信任，就根本不能产生再进一步的行为，比如互动、购买商品、购买服务等，甚至如果有其他同类型的、更有势能的流量主，这个流量（用户）还会离开。

我们知道，品牌本身拥有一定的可信度，可以用于构建用户信任，但如何获取用户信任呢？

当代心理学研究证明，用户更愿意相信自己的感知和可信的来源。这种感知途径不外乎视觉、听觉、嗅觉、味觉、触觉，这是人们获取外在信息的主要途径。相对而言，产品与服务信息显然是单薄的，人们很容易受外界的干扰与偏见而改变对流量主和产品 / 服务的认知。因此，私域流量运营中，要获取用户信任，首先要保证的是让用户感受到和他（她）沟通的是一个鲜活的人，而且要让用户感受到沟通者在相关领域的专业性与权威性。具体而言，可以从这几方面入手：西纳特拉测试（the Sinatra Test）、可见效应、体验至上、既有信念、价格标签、产地标签、权威力量（明星效应）、反权威力量（买家评论）、"奔现"[一]。

值得一提的是，"奔现"这个获取信任的途径，让用户与流量主可以面对面交流、实地参观，融合了视觉、听觉、嗅觉、味觉、触觉的亲身全方位地感受，会大大加深用户对流量主或产品/服务的认知，不会轻易受到舆论的影响，是建立信任的最强有力的武器。

我们看一个通过"奔现"建立用户信任的案例。江小白在做一个社群项目的产品，目的是将线上的流量（粉丝）"奔现"，即通过对实体的考察，加深用户对江小白更立体、完整的感受（见图4-5）。有用户受邀参观江小白酒厂，看了完整的酿酒过程后，发现与想象的不一样，于是就很感慨地发了一个朋友圈，结果好友留言中出现得最多的问题是：江小白居然是粮食酿造的？有很多用户对江小白曾产生过误解。显然，之前江小白通过产品+内容只是与用户产生了联系，但并没有构建起用户和品牌之间的更立体的信任关系。相信这也是江小白设立"奔现"社群项目的初衷——通过参观，让大量用户实地体验江小白的酿酒全过程，了解江小白的文化、初心。

图4-5 江小白"奔现"策划

同样体现"奔现"价值的案例还有泰山原浆啤酒。泰山原浆啤酒早期积累用户的方式，就是真诚地和用户交朋友，邀请用户到工厂来参观，或者总经理和德国酿酒师去用户所在城市，和用户开粉丝见面会，面对面地交流沟通，获取用户的信任。

最终，企业要将这种用户的信任逐步固化到品牌之中，让品牌成为构建用户

[一] 奔现，网络流行词，指在网络上认识的两个人由虚拟走向现实见面。

信任感的重要武器。

有了信任，私域流量就具有变现的基础，如果要持续地营销变现，就需要进入最后一个关键环节：**提供价值**。

有了信任，在私域流量的运营中，每次与用户接触，就要考虑如何为用户创造价值，而且要持续地为用户提供价值，让用户觉得物有所值、可受益。

提到为用户创造价值，这里稍微展开一下。用户价值不仅是指一件优质商品、一个好服务的价值或者费用，而是更为宽泛的概念，包括：

- 帮助用户解决一个实际的痛点或问题，包括给用户带来愉悦的心情或体验。比如实现网上购买火车票的功能，或者开发一款公平、好玩的游戏。
- 帮助用户提高运作效率。这里既包括帮用户节省费用，也包括帮用户节省时间。比如微信就帮用户提高了沟通效率，降低了社交成本。
- 尊重用户，保护用户。用户应该得到足够的尊重，对用户的数据与隐私要严密保护，让用户在使用产品的过程中不会有担忧。

价值的内核，本身就是来自于体验的稀缺或者是超预期的产品/服务体验。持续为用户提供价值是私域流量运营的核心，也将使私域流量聚集得更多，效应更强大。反之，不提供价值的私域流量，会消耗信任，降减势能，流量最终会流失殆尽。

接下来列举一些通过小程序来构建私域流量的常见招式。我们主要列举小程序拓展新用户、运营老用户两大类招式。

拓展新用户

拓展新用户时可参考以下招式：

- **新人大礼包**：例如，新用户首次访问小程序时，小程序提供代金券、折扣券、赠品券等各种新人礼包优惠。
- **集赞送礼品**：集赞可以实现网络裂变传播。通过小程序集赞，可以将势能快速扩散，便于统计效果，还能获取点赞用户信息，实现真正意义上的集赞赠送礼品。
- **购物返现及红包分享**：通过小程序购物成功，可以获得一定金额的红包，将红包分享出去，分享者和接收者均可以领取红包，接收者打开红包即可成为小程序会员，达到分享裂变的目的。
- **拼团**：小程序开启拼团活动，让用户帮助宣传，可以吸引一些固定的流量。
- **抽奖**：在小程序中可以设定参与人数达到一定数量后开奖，或者时间到了自动开奖的功能，抽奖功能可以引起更多新用户的关注。

- 投票活动：通过发起和参与小程序投票活动来拓展新客户。

运营老用户

要运营、维持老用户，可参考以下招式：

- **秒杀活动**：小程序的定时秒杀活动促进老用户持续关注。
- **积分商城**：在小程序中设置积分商城是活跃用户的好方法。可通过分享送积分和粉丝红包裂变新用户。
- **天天签到领红包**：购物后，返一定金额给用户，天天签到领随机红包，可增加小程序的日活量。
- **满减满送**：在小程序中配置"满减""满折""满送"活动，可提升顾客客单价。
- **会员充值**：支持会员充值购买产品/服务，让忠实的用户享受一些折扣或优惠。这一方式既可使商家获得现金流，又可为用户省钱。
- **推荐返佣金**：用户自己用过产品并觉得好，可以通过小程序分享给朋友，推荐购买后，用户还可以获得一定的佣金。

小程序的去中心化优势与所具备的便于传播的能力，最适合积累与运营私域流量。我们将在接下来的内容中详解小程序流量运营招式。

4.2 地推

线下是个巨大的"宝藏"，特别是在现在线上红利消失殆尽，线上流量成本高长的情况下。门店前行走的人流、交通枢纽（如地铁出入口）、消费的顾客都可看作"散点流量"。

线下消费仍然是主体。尽管最近十多年，电子商务交易规模增长很快，但线下消费量级更大。国家统计局的数据表明，2018年网上零售额达9.0万亿元，但也仅仅占社会消费品零售总额（48.9万亿元）的18.4%。

因此，"地推"仍然是宣传产品与服务，触达用户的有效方式之一。二维码/小程序码是小程序最为重要的入口，可以通过"地推"来推广小程序，从而获取并积累小程序私域流量。

场景与痛点

对于新上线的小程序，首先，地推是关键一步。然而地推显然是个苦差事，如何让前线业务人员重视并执行到位，是一大挑战。

其次是要让用户习惯使用小程序。即收获线下"散点流量"后，还要进一步让用户养成使用小程序的习惯。相信很多人现在已经有这样的习惯：走进某间餐厅后，很可能不是找服务人员拿菜单来点单，而是找到桌上的二维码快速地自助点单。

运营招式005——地推引粉

运用门店推广，结合小程序购买优惠，让用户养成用小程序下单的习惯。

这个运营招式具体包括：

1）**内外打通**：对外重视小程序门店推广，对内调整门店考核标准和奖金办法，鼓励店员走出柜台，进行有效地推。

2）**活用工具**：推出各种小程序优惠，如使用社交立减金等方式，让用户养成在小程序下单的习惯。

3）**数据助力**：利用微信支付大数据能力，提升直接下单效率。

一切都应围绕优化用户体验，让消费者更便捷、更高效、更实惠来展开。

招式价值点

获取使用小程序的种子用户，培养用户使用小程序的习惯。

典型案例

CoCo都可奶茶通过运用地推，在**两个月内让它的小程序覆盖全国2200家门店**，使消费者快速接受并使用小程序。

「CoCo都可」手机点单小程序是在2017年9月上线的，至今累计用户已超过4500万，目前仍以每月新增180万支付用户的速度在增长，而且新用户的周留存率达到8%。那CoCo都可是如何让如此多的用户开启这样的小程序自动点单体验呢？

CoCo都可是高度客制化的现制饮品品牌，主要经营现制茶饮、现磨咖啡等饮品。随着线上支付、外卖功能的导入，以及O2O应用的普及，CoCo都可团队感受到互联网正改变着大家的消费行为，进而开始思考如何通过新科技来优化消费体验，探索更多数字化的方式。刚好团队参加了2017年的微信公开课，并且知悉小程序这个新工具的发布，小程序无须安装，即扫即用的特性，非常适合线下场景，尤其适合CoCo都可这种以外带为主，消费者不愿意停下来下载APP的情况，所以团队开始思考导入小程序。

餐饮消费者到店体验的一个痛点便是等待，特别是在午餐时段更为明显。我们可能都有这样的体验，在中午午休时吃饭时间其实并不长，但是到了哪里都要排队点菜（等待点单），点好菜后还要等菜上桌（等待制作）。CoCo都可与此类似，其饮品都是依照顾客的需求定做的。门店要依据顾客对糖度、温度或对加料的需求来进行制作，所以 CoCo 都可的消费者在体验过程中也常常纠结，在比较有限的时间内，要不要排队去买一杯现制饮品。因此团队设想如果消费者可以自己在手机上点单，那就不用去排队了，店里的小伙伴也不用花这么多时间在点单上，可以有更多时间去制作产品，加快出杯速度，进一步减少等待时间，于是团队决定开发手机点单小程序，并在当年的 9 月上线，是很早一批开始使用点单小程序的品牌。

作为初期的探索者，当团队开始摸索如何推广时，面临三个挑战。首先，当时的小程序定位是以线下扫码为主，线上入口很少，分享的能力也非常有限，所以基本没有线上流量可以应用。其次是搜索功能，虽然小程序已经可用微信搜索找到，但消费者搜索服务意识不足，只有在产生服务需求与认知时才会进行搜索。还有最核心的挑战——如何让线上服务被用户需要，并愿意做第一次尝试。

既然没有线上的流量，消费者也没有用手机点单的意识，那团队只能在线下主动出击，锁定了第一步推广的目标用户——CoCo 都可的到店消费者，来进行门店地推。随着小程序功能的完善，团队更进一步通过社交裂变拉新，优化体验以及提升转化，并通过更丰富的场景增加留存，以获得有效增长。

CoCo 都可新用户的增长首先源于上线初期的地推。门店推广的第一步，就是将线下的点单线上化。这里的经验是必须通过大量的线下宣传来提升小程序的存在感，如果消费者走进有 CoCo 都可的商场，可能会发现从商场入口的广告，到 CoCo 都可门店外摆放的展架、地上贴的地贴，再到点单服务员手里的举牌。座位区的立牌，都可以看到小程序码，（见图 4-6）。

图 4-6　CoCo 都可门店地推小程序场景

有了入口的展示后，还需要让消费者知道应该如何使用小程序，以减少使用障碍。所以团队调整了门店的考核标准与奖金办法，让门店安排专员走出柜台，手把手地教顾客如何使用小程序。同时，为了让门店的推广更为顺利，团队还借鉴了 O2O 应用快速普及的关键方式之一：通过优惠来提高顾客的愉悦度，以加速消费习惯的改变。因此，我们还在小程序上设置了更优于线下点单的优惠。

从 2017 年 9 月「CoCo 都可」正式上线起，第 1 个月即完成 500 家店的上线，并且随着快速扩大与推广，团队在年底达成了超过 2200 点的上线数，并且累计用户超过 1000 万，其中单月新用户的增长就超过 300 万。

经过一段时间的推广后，团队进行了用户反馈的征集，发现消费者在天气不佳的时候更不愿意等候，所以团队在夏天最热的时候又做了一档大型推广活动，首先安排 KOL 和门店来预热推广"零等待"的好处，再推出点单优惠，以更有效地推动消费者尝试新的下单方式（见图 4-7）。通过这波推广，团队成功地让"预约零等待"的好处更深入人心。从相关数据上可以看到，使用预约功能的消费者，在手机点单中，从使用前的 1% 提升到活动期间的 13%，在活动后有 4% 的用户持续使用，这次推广中手机点单的单日访问人数也达到第一个高峰。有超过 57 万的用户在活动当日使用了手机订单功能。

图 4-7 「CoCo 都可」小程序预约优惠界面示例

在推广的过程中，虽然第一波的增长是靠着地推完成的，但团队最早在调动内部支持时，也非一帆风顺。当时团队最常面临的质疑便是为什么不做一个 APP 呢，这样消费者更容易回访，还可以自由地选择支付方式，并且可以通过推送召回顾客，这样不是更容易建立使用习惯吗？针对这样的问题，团队研究了多个国外的手机点单 APP，分析各 APP 启用与推广历程，并与伙伴们分享心得：小程序免下载，不耗流量且不占内存，而且用微信授权更方便开通，可以省去复杂的支付与注册的绑定流程，大大降低了尝试门槛，有利于消费者进行第一次尝试。后来随着「跳一跳」的爆红，更多大众开始熟悉小程序。

团队也借助微信的社交产品技术，通过更丰富的场景来强化使用动机，逐步建立内部对使用小程序的信心。在新的推广方式上，随着小程序的能力开放，对于与营销功能的迭代，团队开始进行更多的线上推广。在一次活动中，团队向使用微信支付的用户发送社交立减金，并且限定用手机点单时使用（见图 4-8）。通过消费者介入，让用户进一步推广给他们的微信好友。这次的活动中，给小程序带来超过 1400 万次的曝光，并且有超过 560 万名用户领券，有 90 万次核销，使用者中有 13 万人是手机点单的新客。

图 4-8 「CoCo 都可」联合微信支付推送"社交立减金"的优惠界面示例

同时，团队深知小程序使用人次的增长，除了靠优惠，流畅的体验更是必不可少的。团队不断地优化小程序使用体验，推出了"餐厅喜欢"功能，通过微信的智能推荐与设定的产品标签，更精准地向消费者推荐饮品，从而让「CoCo 都可」成为更懂消费者的小程序。这些优化与功能导入后，下单转化率提升了 22%，下单时间缩短一半，有超过一半的订单可以在"餐厅喜欢"的页面中完成。此外，团队也从线上支付普及的经验中学习到，有丰富的场景支撑，才能在拉新后快速培养用户习惯，因此随着新用户的积累，团队开始探索服务线上化后的延伸应用。团队发现，用户使用点单小程序延伸应用的次数已经超越了点单本身。通过将消费历程延展到点单前，以及结账过程中提供更多消费时搭配优惠折扣，进而增加点单功能的使用率。比如现在消费者可以通过小程序查询附近的新品发送门店，并且可以直接导航到门店。除此之外，随着"CoCo影院"的上线，小程序可以作为一个很好的载体，来传递产品故事，提升品牌价值（见图4-9）。

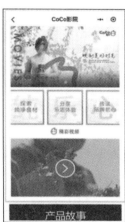

图4-9 「CoCo都可」延伸消费历程的小程序界面示例

小程序的推广可以借鉴支付的增长模式，通过地推宣传好处，同时搭配优惠活动，快速增加用户，再通过优化的体验与更丰富的场景来提升日活，创造线上消费独有的优势，获得小程序的使用留存，积累私域流量。之后，再进一步思考延伸服务，让私域流量得以更好地应用（见图4-10）。

图4-10 CoCo都可门店推广小程序及私域流量运营思路

CoCo都可使用小程序进行体验优化的效果是非常显著的，最终收获超过4500万名用户，同时保持月增180万支付用户。

CoCo都可行销总监给出建议，如果希望新应用（小程序）能够普及，首先需要确定一个对消费者真正有用、提升体验的切入点。接下来准备一定的地推力度，让消费者完成第一次尝试，再加上一些促销/营销方式来增强。当消费者发现它真的不错，而且在持续优化，就能让消费者留下来。

使用微信扫一扫小程序码（见图 4-11），可查看本招式案例。

4.3 活动

提到运营，肯定少不了持续策划不同的活动来留存、拉新、保活用户，以提升营销业绩。随着新技术与用户行为的变化，活动也需要创新。4.2 节中的「CoCo 都可」案例，也是在使用新技术手段后，持续不断地策划活动，优化体验，才达到很好的运营效果。

图 4-11 「CoCo 都可」小程序码

运营活动一般是有时限、有明确目标的，往往以拓展新用户与运营老用户为目的。现金红包、集赞与点赞主要用于拓展新用户，积累新的私域流量；秒杀与优惠则侧重于运营老用户流量，来提升营销业绩。

4.3.1 现金红包

微信红包是微信里面最成功的发明之一。微信红包于 2014 年 1 月 27 日正式推出，随即迅速爆红网络。微信红包贴近中国人爱喜庆、互送好运祝福的传统，无意中就让人们形成用微信绑卡、消费、转账的行为习惯，并且在这个基础上，迅速拓展了线上和线下支付的"疆土"。

随后，微信红包也成为节日祝福、打招呼、分享好运、小额转账、活跃气氛、抽奖、营销等的利器，特别是在节假日，红包效应更是明显，其发送量是平时的数十倍之多（见图 4-12）。正是由于微信红包，使得财付通快速追上支付宝。在微信红包出现之前，支付宝占整个支付市场份额的大部分，而财付通只占很少一部分，微信红包上线以后，改变了支付市场的格局。时至今日，支付宝与财付通几乎平分天下，在线下支付场景中，财付通（微信支付）的支付笔数甚至超过了支付宝。

基于此，微信团队在微信支付的商户平台上线推出了营销工具——现金红包，商户可以通过平台向微信支付用户发放现金红包。用户领取红包后，资金将存入用户零钱账户；若用户未领取，资金将会在 24 小时后退回商户的微信支付账户。该工具上线以来深受广大商家与用户的喜爱。

场景与痛点

对于企业商家而言，会经常面对如下一些小程序运营问题：

- 如何为小程序获取新用户，巩固老用户关系，提升用户活跃度？
- 在营销活动中，如何通过小程序调动活动气氛，让活动顺利进行？

- 如何精准地触达小程序目标用户？如何让老用户获得优惠、积分兑现？

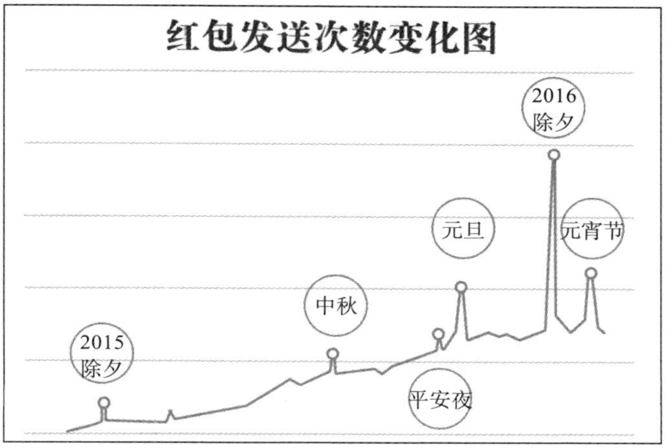

图 4-12 微信红包节日效应

微信支付现金红包因资金的承载方式为现金，一直以来深受用户的青睐，也为商家营销活动注入了很大的活力。将微信红包与小程序相结合，可以实现用户直接在小程序页面中领取红包，领取流程更加顺畅，更精准地激励用户，让用户更愿意分享、传播小程序。

运营招式 006——现金红包 + 流量裂变

在小程序产品中开发"购物分享领现金红包"或"签到红包"功能，让用户在小程序中购买产品或服务并成功支付后，获得一定比例的分享现金红包，并可以邀请好友一起领取，进行"红包裂变"，从而实现为小程序获取新用户、保持用户活跃度以及增加购买量等。

在小程序产品中实现"购物分享领现金红包"或"签到红包"功能的大致步骤如下：

1）入驻成为商户：在线提交营业执照、身份证、银行账户等基本信息，快速提交申请。

2）超级管理员开通现金红包：前往"商户平台→产品中心→现金红包→申请开通"（见图 4-13），开通"现金红包"功能。

3）特殊要求：对于交易资金即时入账到商户号基本户的商户，须同时满足已入驻满 90 天，连续交易 30 天的条件。

图 4-13 微信支付后台开通"现金红包"界面

4)开发"现金红包"功能。详情可参考微信支付开发文档：https://pay.weixin.qq.com/wiki/doc/api/tools/cash_coupon.php?chapter=13_3&index=2。

微信支付的现金红包能力支持多种发放方式（页面配置、接口发放、配置营销规则）和领取方式（公众号、小程序、H5 页面），用户在客户端领取到红包之后，所得金额进入微信钱包，可用于转账、支付或提取到银行卡。

5）运营使用。用户操作流程及界面大致如图 4-14 所示。

图 4-14 小程序前端现金红包操作流程

除了在订单结算后派发裂变红包,让用户帮商家传播外,还可以采用以下方式:

- 在大型现场活动的易拉宝和宣传单上放置裂变红包码,实现线上线下快速传播,可最大化活动效果。
- 在订单结算后派发签到红包,吸引用户每天都来关注和分享小程序,保持用户活跃度。
- 在"签到"界面,挂出"新品+爆品+秒杀+拼团"等活动,让用户复购,提升营销业绩。
- 在寄出的包裹上印制小程序红包码,让用户收货时领取小程序红包,以关怀用户,并提升小程序用户的黏性。

招式价值点

现金红包是当前使用得最普遍的营销方式,可用于拉动新顾客,以及提高老顾客的复购率。现金红包常在以下场景中发挥重要作用:

- 为企业拉取新用户,巩固老用户关系,提升用户活跃度。
- 结合巧妙的创意,辅以红包点缀,打造火爆的活动,提升企业与品牌知名度。
- 结合企业运营活动,以红包作为奖品,方便商家抽奖、满送等营销活动更顺利进行。
- 除了营销之外,现金红包在企业日常的运营中也扮演着重要角色。例如:为员工返福利、为供应商返利、会员积分/虚拟等级兑现等。

可以说,现金红包是拓展新会员的最快和成本最低的方式之一,也是保持用户活跃度、产生互动及保证营销效果的有效手段。

典型案例

「德高纳纤之神奇的T恤」小程序通过现金红包及签到红包快速获取小程序用户及维持用户活跃度,有效转化销售额。

「德高纳纤之神奇的T恤」是广州元禄信息科技公司推出的一款单品T恤服装营销小程序。单品T恤主张简约、时尚、舒适,最为神奇之处是使用最新纳米材料制造,具有特效防污能力及防水功能,还具有保持清爽透气、减少布的缩水率及不易皱的特性。

商家希望通过小程序可以快速让足够多的用户获知该产品及其特性,进而产生购买的兴趣并自主转发,达到持续营销的目的。广州智零网络作为小程序服务商,为商家设计了"现金红包"促销裂变活动及"天天领红包"功能。

运营活动主要包括以下内容:
- 在自营门店门口、门店内及活动现场摆放易拉宝,在其上放置小程序裂变红包码。
- 在人流密集的地铁口发放宣传单,在其上放置小程序裂变红包码。

用户支付成功后,即可得到一定金额的红包,该红包可以被分享(见图4-15)。

图4-15 小程序中领取现金红包界面示例

在小程序首页展示"签到红包"提示,告知用户每天签到,可以天天领红包(见图4-16)。

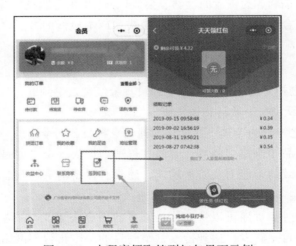

图4-16 小程序领取签到红包界面示例

在寄出的包裹上贴上小程序码，以便于收货方了解小程序及参与活动。

由于发起者与接收者均可以领取红包，双方获利使得用户更愿意主动分享，实现裂变传播。而在红包链接裂变分享的过程中，新用户打开红包链接，即成为该小程序的会员。

商家通过在「德高纳纤之神奇的 T 恤」小程序后台设置每周总量 500 元的红包，配置为每个用户可以领取 0.01 ～ 0.3 元不等的红包，实现每周成功拉新近 5000 人次。统计数据表明，每周通过红包活动，在小程序上可促成 400 单以上的销量。

使用微信扫一扫小程序码（见图 4-17），可查看本招式案例。

图 4-17 「德高纳纤之神奇的 T 恤」小程序码

4.3.2　点赞与集赞

点赞是社交平台（如 Facebook、微信等）上提供的一种用户互动功能，迎合了人们表达情感的愿望。现今点赞不仅仅是最初设计的、对用户分享的内容等表示喜欢，还衍生出"嗨，你好""支持""互助支持一下"等各类意思。通过分享、引发关注（点赞）互动的功能，演进出"集赞"这种新的营销方式。

场景与痛点

互动营销是近年来国内外十分流行的一种公关传播与市场推广手段，集新闻效应、广告效应、公共关系、形象传播、客户关系于一体，并为新产品推介、品牌展示创造机会，建立品牌识别和品牌定位，形成一种快速提升品牌知名度与美誉度的营销手段。商家希望通过互动营销吸引用户的注意力，鼓励用户参与互动，进而提升品牌的影响力，增加品牌的用户数量及用户忠诚度，促进产品销售，例如商家的周年庆、节日促销等。如何实现线上线下结合，确保尽可能多的用户参与互动营销，最终扩大互动营销的效果就显得非常重要。

另外，一个线下实体店的覆盖范围往往非常有限，而线下实体店经常会上架新品，用一些优惠回馈用户。即使有了小程序这个线上线下的载体，如何广而告之，让实体店的新品与优惠尽可能覆盖及触达更多用户，也是实体店运营者经常要面对的难题。

微信集赞作为一个新的营销方式，在商家没有较多微信好友资源的情况下，集赞活动可以让更多陌生人参与其中，也能够让越来越多的人知道这个活动，甚至知道自己的品牌，从而达到推广的目的。显然，集赞的推广效应并非传统推广方式所能达到的。

运营招式007——集赞

在小程序中开发点赞与分享功能，通过小程序来集赞、宣传，帮助商家裂变新用户，获取私域流量并转化，同时用户通过集赞可以获得优惠或一定的收益，实现多赢。例如：

- 实体店开店活动和节日现场，通过集赞活动送礼券和兑换券等，实现网络传播。
- 集赞达到一定数量后，领取网店的试用装、赠品、高额抵扣卡、其他奖品等，通过集赞来做宣传。

在小程序中实现集赞有奖活动的界面如图4-18所示。

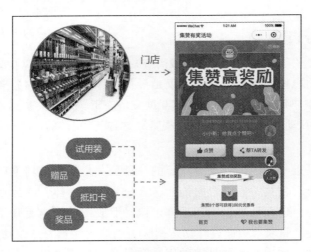

图4-18　小程序集赞有奖活动界面示例

招式价值点

小程序集赞运营让拓客营销更有价值。一方面，通过集赞可以扩大营销活动的覆盖与传播范围，实现拉新；另一方面，用户通过点赞获得奖励优惠，进而产生商品复购。小程序集赞运营是将营销效果最大化的途径之一。

典型案例

火星工厂（广州厦滘店）在试营业期间，就开发了带有集赞活动功能的门店小程序。于2019年3月15日开业当天，在举办线下开业活动的同时，上线小程序集赞活动。

活动规则：用户可通过转发小程序活动页给好友或相关群，或者生成含有小程序码的集赞图片并转发到朋友圈参与集赞活动（见图 4-19）。

图 4-19　用户集赞群分享及朋友圈分享海报示例

其他用户由带有集赞分享者 ID 的小程序页进入小程序，点击活动入口参与点赞（见图 4-20）。

图 4-20　集赞活动入口界面示例

最终集得 38 个赞的分享者可获得 50 元现金券，点赞者也可以获得 30 元的现金券（见图 4-21）。

火星工厂（广州厦滘店）的开业集赞活动当天，吸引了超过 2000 人关注并打开小程序，数百人参与了集赞点赞活动，最终有数十人赞助成功，获得了礼品与现金奖励（见图 4-22）。

图 4-21　用户集赞成功界面及奖券示例

图 4-22　集赞活动信息示例

鉴于集赞活动获得的良好效果，每隔一段时间，火星工厂（广州厦滘店）都会在小程序中发起集赞与点赞活动，一方面为其小程序拉新保活，另一方面也为线下实体店带来转化购买的客流。

使用微信扫一扫小程序码（见图 4-23），可查看本招式案例。

图 4-23　「厦滘火星」集赞活动页小程序码

4.3.3　企业内购

内购是现在很多零售企业或电商平台企业所用的术语，是一种营销优惠活动的特称，其含义是内部员工或通过内部途径购买可以享受优惠。

场景与痛点

一般企业的内购是以折扣的形式给出优惠的,最初的出发点是为了激励员工,行政福利部门为员工争取到特殊优惠或福利待遇,现在也常常由公司营销部门作为促销活动形式,进行一种变相的产品销售。

多数情况下,商品的利润是极其丰厚的,甚至可达到100%以上,即使以4折、5折的价格来售卖商品也不一定会亏本,相反会帮助减少库存,增加销售量。所以通过内部购买的名义来增加销售,减少库存,激励员工,可谓一举三得。

但企业内购有可能是一把双刃剑,绝不能让员工觉得公司是在"打折卖货",撸员工的"羊毛",因此做企业内购需要特别注意以下几点:

- 需要提供一些优质的、必需的商品,且折扣价格相对优惠,仅限内部员工才可参与。
- 创造温馨的、轻松的内购环境,让员工参与一些健康有益的游戏(比如运动游戏、转发朋友圈),拿到一些积分或印章(比如获得一定的点赞数),可享受不同的内购价格。
- 为员工设置专有的分享购买的优惠链接,方便员工主动转发,让接收者也可以得到实惠,同时员工还可以获得积分或返现等。
- 活动要有期限。不能让员工忘记自己的主要工作职责,而陷入活动不能自拔。

显然,如果应用得恰当,让员工感受到实在的优惠与诚意,那么公司规模越大,员工人数越多,企业内购越有影响力,商家收益越丰厚。

运营招式008——内购

通过小程序做企业内购活动更简洁方便,体验更顺畅;更易产生传播裂变,取得较好的私域流量积累及营销效果。

需要在小程序后台中开发实现企业内购活动的功能,包括:

1)可配置内部员工优惠折扣券(见图4-24),同时该折扣券不可在任何小程序前端页面中领取。这类优惠折扣券可以与系统中其他"满减折赠"券集成(关于"满减折赠"的运营方法,可以参考4.4.2节)。

图4-24中未选中"在产品页可领取""在结算页可领取"选项,即代表折扣券小程序前端页面不可见,是仅提供给内部员工的优惠折扣券。

2)可在后台配置自定义小程序页面、内购活动页面(见图4-25),同时后台可以生成该自定义页面的小程序码。该页面在小程序前端不会有任何入口,用户只能通过微信扫描自定义页面的小程序码进入。

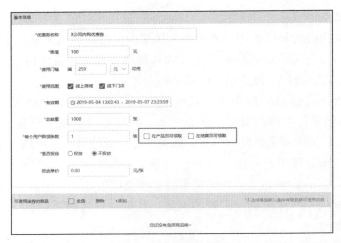

图 4-24　企业内购优惠券配置

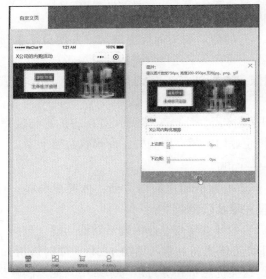

图 4-25　配置自定义内购活动页面

企业内购活动页面中还可以添加单独的优惠折扣券（见图 4-26）。

3）企业通过邮件、内部 IM、OA 等方式向员工发放私有的、隐含的"企业内购活动页面"小程序码。

4）员工扫描私有的小程序页面码进入企业内购活动页面，领取员工折购优惠券，进行商品购买。

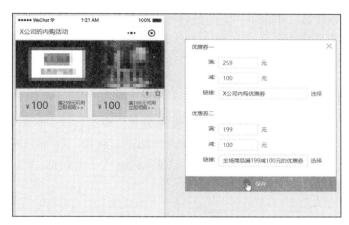

图 4-25 内购活动页面配置优惠折扣券

5)员工可在企业内购活动页面,通过小程序客户端提供的转发及分享海报功能,在群中或朋友圈中分享生成的小程序页面卡片或海报。

6)员工的家人或朋友可通过分享页面进入企业内购活动,按员工价购买商品,同时可以再次分享,实现裂变传播。

企业内购还可以有更多激励形式,比如员工分享后获得佣金,设置通过分享的链接参与内购的用户成为员工的粉丝,员工可依据粉丝量进行积分或抽奖等。

招式价值点

企业内购活动不仅可以用于去库存,增加变现与营销业绩,还可以给员工福利,给消费者带来实惠,实现多赢。其主要价值点在于:

- 通过小程序员工券让企业内购活动数字化。
- 员工通过小程序享受企业内部优惠购买商品,员工折扣券的稀缺性可提高客单价。
- 通过小程序让员工的朋友也参与内购活动,以优惠价购买商品。
- 通过分销逻辑让员工更积极地参加内购活动。
- 通过员工朋友分享产生裂变传播,可积累大量的私域流量。

典型案例

× 服装公司通过小程序做企业内购活动,单月实现超过 600 万的销售额,每员工单月贡献销售额超过 1.5 万元,突出的员工单月贡献甚至高达 30 万元。

夏末秋初是传统服装行业的销售淡季,这个时候常会有较高的季末库存,若不及时处理,就要等到第二年再上架,有些产品会产生积压,因服装每年的流行趋势不一样，导致第二年也不一定能处理掉。当年处理掉是最好的选择。

通常处理积压库存的方法是找线下收库存的贩卖商家，往往是论斤低价处理，而且不处理吊牌，导致品牌形象受损。即使能找到线上平台（如拼多多、唯品会、爱库存等）处理库存，但资金周期长，抽佣高，收益甚微。2018 年 × 服装公司正面临同样的困境。

随着社交电商的兴起，及小程序可快速裂变传播的特征，针对困境，公司市场营销部与 IT 部门联合策划小程序企业内购活动。很快，IT 部门在 15 天左右的时间内，完成了小程序相关功能的开发实现，同时市场营销部门设计完成了内购活动的规则及活动页面（见图 4-27）。

图 4-27　× 服装公司内购活动小程序前端界面

活动页面没有任何外部公开链接，在官方的小程序电商平台上，也没有任何内购活动入口。× 服装公司通过内部 OA 系统及员工邮箱系统公布了内购页面的小程序码。

内部员工只有通过微信扫描邮件中的小程序码才能进入内购活动页面，可领取一张优惠内部折扣券，享受 4 折优惠。同时，员工可以分享自己专属的内购小程序码（通过小程序生成内购页面的朋友圈海报），如发布在朋友圈，或将该内购页面的小程序卡片分享到自己的社交微信群。

员工的亲友通过小程序卡片或内购页面小程序码，也可以进入企业专属优惠的内购页面领取一张内部券，享受稀有的、与员工同样的内部折扣。普通客户在没有领取内购券的情况下，只能看到商品的原价，领取优惠券之后，可以发现明显的优惠价差，从而促进购买。由于只有一张 4 折折扣券，客户会珍惜机会，加大购买量，从而使客单价比较高。

巧妙的是，×服装公司还为这次内购活动设计了分享佣金的逻辑，员工将内购活动信息分享出去，当其亲友购买内购商品时，员工会实时收到新增粉丝和获得佣金提醒，从而促使员工更积极地转发，快速产生裂变。

×服装公司举办的这次企业内购活动，完全由员工自发传播，在没有任何广告推广的情况下，实现了月销售额 600 万元，小程序月总访问人次超过 30 万，消化库存 50% 以上。活动期间，小程序销售额占比超过 15%。

用小程序做企业内购活动比较便捷，不仅员工自己购买有优惠，同时分享企业内购页面给其他用户，也可以获得返佣，其他用户使用小程序时也不需要下载与注册，从分享的页面进入直接可以快速下单购买，享受独有的优惠，同时成为员工的粉丝。这种企业内购与私有链接相结合的方式在一些社区妈妈群里面带来的效果更加显著，传播裂变速度极快。

4.3.4 抽奖

抽奖是利用人们侥幸获大利的心理来吸引消费者：设置中奖机会，利用抽奖的形式来吸引消费者购买商品。

这是日常生活中最常见的促销方式之一，无论对于大品牌还是新进入市场的品牌，都是屡试不爽的促销方式。

场景与痛点

抽奖的明显优点是能够覆盖较大范围的目标消费群体，对销售有直接的拉动作用，可以吸引新顾客尝试购买，促使老顾客再次购买或者多次重复购买。

但抽奖运营方式的缺点主要在于，消费者已经比较理性，对抽奖促销的方式已经见多不怪，这种方式已经不能引起消费者的兴趣了。

如何让用户愿意参与抽奖，并且将抽奖活动分享出去是运营时面临的巨大挑战。另外，为了提高抽奖促销活动的效果，策划时如何科学地设计抽奖方案，特别是中奖率、奖品价值的设计，也尤为重要。

基于小程序的分享传播能力，结合社群的玩法，抽奖方式可以更好地帮助小程序运营，让抽奖活动更有价值。

运营招式 009——抽奖

在商家小程序前后台中开发抽奖功能，包括后台抽奖活动配置（含奖项设定及参与资格设定）、前台参与抽奖、后台开奖、前端开奖通知以及前端中奖信息查看等,步骤如下。

1)后台配置抽奖活动(见图 4-28),包括参与资格设置及配套的微信群设置(见图 4-29)。

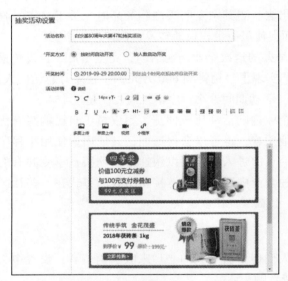

图 4-28　后台配置抽奖活动界面之一

图 4-29　后台配置抽奖活动界面之二

抽奖资格也非常关键，比如可以设置需要购买多少金额的商品才可以参与抽奖，或者需要关注指定的公众号、授权手机号码方可有抽奖资格，以充分发挥小程序抽奖的拉新作用。

2）配置好抽奖活动后，重点在于奖项设置。可以在抽奖活动列表中看到刚设置好的抽奖活动相关信息（见图4-30）。

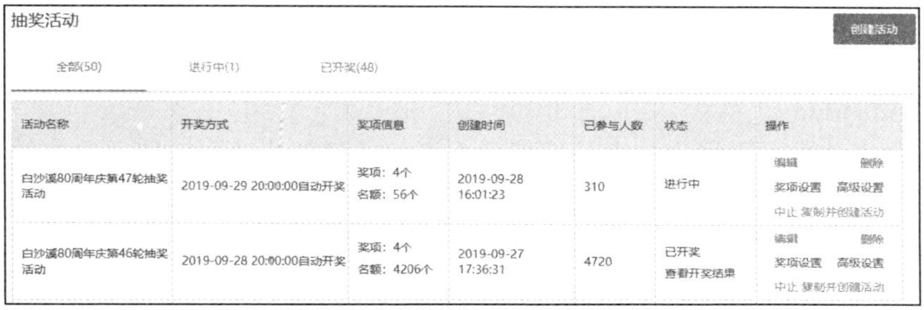

图4-30　抽奖活动列表示例

在列表中点击某抽奖活动的"奖项设置"，即可进入该抽奖活动的奖项设置页面（见图4-31）。

图4-31　抽奖活动奖项设置示例

奖项要设置多个级别，级别间要有价值差异。一般来讲，头奖需要有足够的吸引力，末奖可以设置为全额抵扣券（用户购买时仍需要支付少量费用才能兑奖），这有助于提升销售额。同时要预估好参与的人数与中奖比例，建议整体中奖率不超过30%。

为了方便抽奖管理，可将每一个奖项设置为对应系统中商品的抵扣券。同时，为提高抽奖的管理效率，在用户中奖得到奖券后，让其可以在小程序中自助下单，完成奖品兑换。

3）网上抽奖经常会面临信任问题，可以通过建立抽奖微信群（由有资格参与抽奖的用户组成），让参与人员会充分互动，分享中奖消息、幸运红包等，从而提升抽奖的可信度。

招式价值点

小程序抽奖可以聚集更多的消费者人群，通过抽奖还可以获得更多的客户信息。增强与客户的互动，使用户愿意参与抽奖。合理的奖项设定以及分享机制（如分享后可以提升中奖概率），使用户还愿意分享抽奖活动信息（见图4-32）。

图4-32　参与抽奖及分享示例

典型案例

「白沙溪茶厂」小程序通过抽奖活动，聚集了大量粉丝，日最高参与抽奖活动人数达到30000人，促成可观的销售额。

「白沙溪茶厂」这次的抽奖活动，设置了4个等级的奖项。其中，一等奖和四等奖设置如下：

- 一等奖为价值2380元的"辉煌74纪念茯砖茶2.013kg"，对于爱茶人士而言，这个奖项非常有吸引力。
- 四等奖为价值 200 元的立减现金券，共有 50 张。这个优惠券可以在消费额满 299 元时使用。因优惠力度足够大，开奖后，中奖用户绝大部分都购买了 299 元以上的黑茶商品。由此可见，抽奖有效地增强了小程序的活跃度，并促成了销售成交，提升了转化率。

另外，在微信群中，每次开奖完成之后，客服都会引导中奖用户发红包，提高了小程序用户的互动性、活跃度，更提高了抽奖活动的可信度（见图 4-33）。

图 4-33 微信群抽奖活动互动示例

使用微信扫一扫小程序码（见图 4-34），可查看本招式案例。

图 4-34 「白沙溪茶厂」小程序抽奖活动码

4.3.5 拼团

"拼团"是来自于旅游行业的一个概念，指去往同一个旅游目的地，为达到最低的发团标准并享受优惠，而由散客组成的旅行团队。最初，团购模式"量大优惠"，开始在电商消费领域兴起。在流量红利基本触底的情况下，拼多多以"拼团"新模式打开一片天空。自此，拼团也成为一种重要的线上营销手段。

场景与痛点

与旅游行业的拼团不一样，线上营销活动的"拼团"具有明显的社交属性。用户可以发起拼团，也可以参与拼团。拼团的一个显著特点是通过分享进行老带新，利用社交关系更多地促进订单转化。

拼团活动中总是选取性价比高、实用性强的商品，通过在社交圈中分享，快速传播，利用熟人关系迅速成团，转化购买，所以拼团是拉新、引流的利器。

拼团活动的成功离不开以下必要条件：

- 好的货源供应链。优惠量大是拼团的先决条件。无优惠，不团购。如何保持拼团商品的质量及利润是难点。
- 需要系统支持。拼团系统需要不断创新，以防用户产生对拼团"套路"的厌倦，"拼团并不一定会更便宜""就是一种营销手段而已"。如何基于拼团持续演变出新玩法，显得尤为重要。
- 需要好的社交场景及分享能力。"拼团"确实是短时间内吸引到大批新用户的一种手段，但以往情况下，在一般的APP内，"拼团"只是一个不太起眼的小图标，用户在APP或者和H5中拼团，基本上不会涉及彼此的交流。即便拼团成功，用户对平台和品牌本身也不会有太深刻的印象。

拼团模式已逐渐发展成为微信中主流的营销模式。由于小程序易于分享，展示效果好，转发的体验也更好，是先天适合在微信群里流转的载体，因此利用小程序在微信中做拼团，被用户点击的概率更大，效果更佳。

运营招式010——拼团

在小程序中开发拼团活动功能，用于拉新、引流，沉淀私域流量，并促进交易转化。

拼团业务流程图如图4-35所示。拼团功能支持在小程序后台开启拼团活动（见图4-36），配置完成后，用户即可在小程序端进行开团，以拼团价购买或者一键参团来参与其他用户的拼团活动，获得优惠（见图4-37）。

招式价值点

拼团是目前最有效的社交营销方式之一。通过小程序开发拼团功能，线上商家就可以在小程序上定时开启拼团的活动，不仅可以吸引老客户，同时以老带新，裂变传播，起到拉新引流的作用，增加收入。线下实体店商家也可以引导顾客扫码开启小程序，参与拼团活动，让顾客帮做宣传并享受优惠。

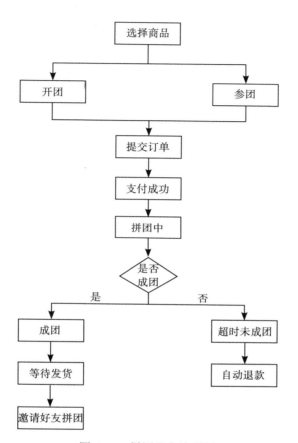

图 4-35　拼团业务流程图

图 4-36　后台配置拼团活动示例

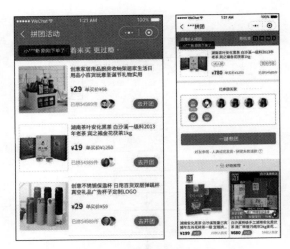

图 4-37　小程序前台拼团活动示例

典型案例

「连咖啡」使用小程序拼团活动，将获取新流量的效率大幅提高。

「连咖啡」采取"老带新"的拼团方法，规则很简单，老用户邀请新用户参与拼团，享受低价优惠。拼团小程序界面如图 4-38 所示。

图 4-38　「连咖啡」小程序拼团界面示例

方法看似简单，其实暗含多个"心机"：

- 不同于大多数的 2 人成团,「连咖啡」将拼团人数锁定在 3 人起步, 8 人封顶。因为 3 人是社交的起点, 触发需求的机会要更大, 一般而言, 核心人际交往圈不会超过 10 人。
- 选择冰香草拿铁做开团单品, 价格为 1 元。同时上线的还有 1 元拼、5 元拼和 10 元拼的三个团, 阶梯式价格覆盖了「连咖啡」所有受欢迎的单品。

这样的设计逻辑, 源于业内其他拼团产品带来的启发, "好的产品 + 拼团" 的方法是小程序引爆销售的基础保障, 1 元的超低价格, 是引爆拼团的催化剂。

"咖啡 + 人际关系" 成就了拼团的高分享和高转化。「连咖啡」拼团上线当天, 在没有外部推广的情况下, 3 小时内有近 10 万人拼团成功, 第一天 PV 近 300 万, 此外, 小程序还为「连咖啡」的服务号引流近 20 万消费用户, 当天主推的爆品冰草拿铁在半天内就卖掉了一个月的库存。

另一个案例是「蘑菇街」, 针对一般 APP 与 H5 中的拼团标志不明显以及不会涉及彼此交流的情形,「蘑菇街」小程序的拼团做到了更加精细化的运营, 方法如下:

- 为整个拼团业务搭建了专门的招商和商业团队, 对拼团的选品、用户拼团分享到聊天窗口中的形态、拼团页面内的相关推荐、品牌展示等进行了全方位的优化。
- 在「蘑菇街」小程序的首屏 1/2 最显眼的位置设置了三个拼团入口。

小程序具备容易转发、社交传播的属性, 再加上蘑菇街的精细化运营, 让拼团功能带来的新客数占到了七成及以上。

使用微信扫一扫小程序码 (见图 4-39), 可查看本招式案例。

图 4-39 「连咖啡」与「蘑菇街」小程序码

4.3.6 秒杀

"秒杀" 一词原是 1993 年出现的一个自创词, 后来在各种经典游戏中广为流传, 指瞬间击败对手的行为。

大约在 2011 年，"秒杀"一词开始在各大购物网站中被商家用于促销活动，成为网上竞拍的一种新方式。可以说秒杀是网络商家为达到促销等目的组织的网上限时抢购商品的活动。由于秒杀活动的商品往往价格低廉，且活动时所有买家在同一时间进行网上抢购，因此秒杀商品可能瞬间被抢光。

场景与痛点

对于商品销售而言，商家的销售额与客流、转化率、客单价、复购率这几个因素有关，用公式表示就是：

$$销售额 = 客流量 \times 转化率 \times 客单价 \times 复购率$$

因此，无论是线下实体店还是线上电商，都希望有更多的客流量。搞活动，是吸引客流的重要手段。特别是线上，"秒杀"成为各大网商常用的促销手段之一，也深受买家与卖家的喜爱。提供服务与商品购买功能的小程序也同样需要有足够的流量引入，秒杀活动同样主要用于小程序引流。

成功的秒杀，离不开超低价的商品。一般来说，那些库存比较大的、成本不太高的，或者一些厂商的赠品，都可以用于秒杀引流。

一般而言，在小程序中实现低价商品秒杀，只要商品受众比较广、性价比高，就会有很多人来抢购，可以带来巨大的流量。但不是每个商家都有合适的秒杀产品，如果没有好的商品供应链，因存在物流运费的刚性成本，强行做秒杀，不仅会亏本，还要亏掉运费。

当然，通过低价的秒杀产品，可以带动其他商品销售。通常的做法是商家通过秒杀引导叠加凑单，比如满 30 元包邮，结合销售配搭，减少了运费成本，也提升了销售额。

使用小程序，还可以给一些线下门店赋予秒杀功能，比如线下水果店，可将一些库存水果拿来做秒杀。过去没有秒杀，即将过期的时令水果大部分将被丢弃，使用秒杀，则多数可以被迅速抢光，由于这类实体店几乎不涉及运费，商家可以拿回大部分成本。

定期的、有延续性的秒杀活动，也可以让用户养成使用小程序的习惯。在小程序中，添加关于秒杀活动的用户订阅、通知提醒功能，对小程序保持日活也很有帮助。

总之，要灵活地运用秒杀方式。

运营招式 011——秒杀

在小程序中开发实现秒杀功能的模块，作为促销引流的入口，方便商家做秒杀活动。秒杀活动的流量运营方式有：
- 通过每天定时秒杀活动来吸引用户打开小程序。
- 通过持续的秒杀活动和包邮政策组合促进连带销售。

在商家后台配置秒杀活动相关功能，示例界面图 4-40 和图 4-41 所示。

图 4-40　新建秒杀活动

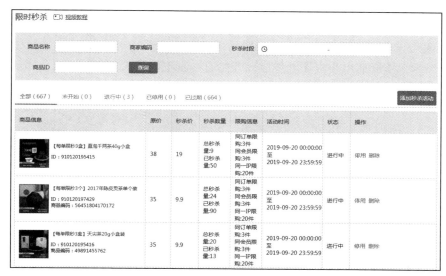

图 4-41　后台已建立的秒杀活动列表

图 4-42 所示是小程序客户端秒杀活动示意图。

图 4-42　秒杀活动小程序客户端界面示意

招式价值点

所有实体零售店和网店都可以通过小程序的秒杀活动来引流，以转化小程序会员，提升销售额及小程序日活。

典型案例

「奥狮卡旗舰店」是广州玖铭药业有限公司旗下的一款小程序。公司主要通过这款小程序来经营其营养食品、化妆用品、家居用品等。

「奥狮卡旗舰店」小程序上线后，开始时一直不温不火，转折点来自团队策划的秒杀活动——9.9 元（包邮价）秒杀"田七活络油"。

"田七活络油"是一种舒筋活络、去风散瘀的外用居家药品，原件每瓶 28 元。商品实用，价格实惠，引起众多网友的关注。通过活动页的转发，第一天小程序打开用户数千人，销售 180 多单，也带动了其他商品的销售。

图 4-43　「奥狮卡旗舰店」秒杀商品页小程序码

使用微信扫一扫小程序码（见图 4-43），可查看本招式案例：

4.4　支付

支付是一切生意闭环不可缺少的一环。因而，可以通过支付环节进行流量转化,如支付入口(收款码)的使用、支付即关注、支付即会员、支付即营销、支付即送券、支付即导购、充值……

由于微信支付使用得非常广泛,支付也成为流量运营重要的方式。

4.4.1 收款码

如前所述,全中国的夫妻老婆店多达680万家,线下实体店有着庞大的人流与巨大的支付交易量。随着移动支付方式的普及,绝大多数实体店都会提供收款码,方便顾客扫码支付。

场景与痛点

当前门店使用的收款码,要么是个人收款码,要么是第三方(如"收钱吧")的收款码,主要存在的问题有:

- 扫描个人收款码后,只能转账支付,不能使用信用卡,这可能会阻碍一些顾客的消费意愿。
- 支付即走,一般顾客不会再与卖家产生关联。

能否使扫码支付也成为门店的一个流量入口,在方便顾客的同时,与顾客产生某种程度的连接呢?

答案是可以的,这就要用到小程序收款码。

运营招式012——巧用收款码

实体门店开发上线小程序收款码,利用扫码支付作为入口进行获客,积累私域流量,与顾客产生连接,后续可应用多个运营方法,进行营销、裂变及提升线上线下复购。

小程序收款码示例如下(见图4-44),可同时支持微信扫码与支付宝扫码。

图4-44 小程序收款码示例

要实现小程序收款码，可按如下步骤进行：

1）以实体门店申请微信支付企业认证。

2）开发上线小程序收款码。据小程序服务商反馈，费率可低至0.38%，虽比个人收款码的0.1%略高，但低于微信支付常规商家的0.6%。收款码支持信用卡支付，更受顾客欢迎。

3）利用"微信支付智慧经营2.0"获得朋友圈流量，通过核销卡券获得附近发券流量。

4）支付即关注。使用小程序收款码支付，即可以关注公众号，为门店公众号增加粉丝用户。

5）支付即会员。使用小程序收款码支付，可将小程序下载到客户微信中，从而使支付顾客转化为小程序会员。

6）支付即导购。使用小程序收款码完成支付后，可以引导顾客加导购员微信。

7）更进一步，收款码小程序可扩充为自营线上商城，门店在收款码小程序中上传商品，增加线上购买渠道。

8）可使用微信卡券提升单价和拉回购：

- 一次可以赠送多张卡券，每次只能使用一张，促进下次二购消费。例如在用户扫码时立即赠送微信卡券包，一个卡券包可以包括立即可用的券和未来可用的券，立即可用的券可以提升客单价，未来可用的券有利于提升回购率（充分运用卡券到期提醒规则）。
- 可以赠送一个线上礼包，促进顾客在线订购商品（如免费送货上门）。
- 可以赠送一个梯度礼包，帮助提高顾客的客单价。

9）可获得N种会员裂变拓展新客户的能力。

即使小微商户也可以通过第三方服务商（如智零网络），采用可标识的小程序收款码方案（小微商户作为服务商的子商户），实现支持信用卡支付以及通过小程序派发门店优惠券来提升客单价，拉升回购率。

招式价值点

实体门店上线小程序收款码，以刚需的扫码支付作为入口，支持客户信用卡支付，易于获客及积累私域流量，实现支付即关注、支付即会员、支付即营销、支付即送券、支付即导购。

典型案例

线下大型青年文化娱乐综合实体店——火星工厂就使用小程序收款码，方便顾客消费付款，并且支持信用卡支付，为其小程序「厦滘火星」引流并积累会员。

使用微信或支付宝扫一扫二维码（见图 4-45），可查看本招式案例。

图 4-45 「火星工厂」小程序收款码

4.4.2 满减折赠

上一节我们提到用小程序收款码可以连接用户，其实在支付前，我们也可以通过满减、满折、满赠来吸引及促成顾客下单或增加购买量，优化贩物体验进而提升销售额。

场景与痛点

在零售领域，店铺的促销是极其重要一块，对营销效果有非常大的影响。我们知道，在线下实体或者线上多店多商品经营中，如果没有一套系统进行管理，要实现"满减折赠"方式的促销还是非常困难的。

在实际经营场景中，为了让顾客多买，有很多优惠方式，但场景还是十分复杂的，需要区别对待：

- **满减优惠**，就是设定一个额度，消费者购买满多少钱，或者满多少件，将减多少支付金额。设置这个满减额度是有技巧的，一般是消费者购买时需要凑单才能实现满减优惠。对于消费者需求量大、规模化生产的利润较高的商品，适合使用这类满减优惠促销手段。比如"满 199 元减 100 元"，单个商品的金额是不到 199 元的，需要用多个商品去凑，但凑出来往往是超过 199 元的，多数消费者会设法去凑单以达到优惠额度。

  尽管消费者绝大部分都明白满减就是一种商家的销售套路，不过消费者觉得优惠，多数还是会愿意以达成额度的方式去成交。比如商家对一款优质 T 恤进行满减促销，使用的是"1 件 69 元，2 件 89 元，3 件 99 元"的满减优惠，显然，商家希望顾客购买 2 件以上，以减少运费及人工成本。

- **满折优惠**，就是顾客消费满足多少金额或件数，实际支付时可享受一定折扣。"如五一促销活动中，指定商品享受"2 件 8 折"，这与满减优惠是类似的。

- **满赠优惠**，是指顾客消费满足多少金额或件数，可获得赠品。这个优惠手段与上面两种不同，更适合品牌不适宜降价的情况。通过赠品来促进顾客购买。对于赠品需要做一定的考量，要有价值，更多的时候要考虑与所买商品能够搭配，或者是烘托节日气氛。比如买一件女装，送一条围巾。如果有很好的赠品渠道，对于全国统一售价的品牌商品，满赠优惠就是很好的促销方式，特别是对于适合女性的消费品，这种方式是非常合适的，当赠品非常精致或为限量版时，有些消费者甚至会为拿赠品而购买商品。

在小程序中，是否也可以方便地通过"满减折赠"的优惠吸引消费者，促成顾客成交、转化，进而提升商家的销售额呢？这就要用到下面的运营招式。

运营招式 013——满减折赠

在小程序中开发满减、满折、满赠的功能，吸引用户更多地使用小程序，优化用户体验，促成用户下单购买，提升流量转化率。

后台需要开发实现两类功能——"满减折赠"活动及""满减折赠"券。两类功能形态及运营方式分别描述如下：

（1）设置"满减折赠"活动及运营

后台功能形态示例如图 4-46 所示：

图 4-46　"满减折赠"促销种类

首先在后台完成商品优惠活动功能的创建（见图 4-47）。

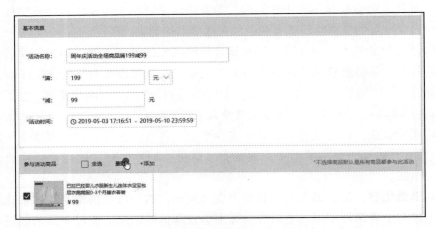

图 4-47　创建满减优惠活动界面示例

活动创建成功后，可在列表页中查看"满减优惠"的基本信息（见图 4-48）。

图 4-48 优惠活动创建完成界面示例

注意：后台创建的"满减折送"优惠活动，不建议有编辑修改的能力，但可提供"停用"的能力，主要是防止用户在参与活动时，遇到前后不一致的情况，引发争议。

在小程序前台的商品列表及商品详情上显示优惠信息（见图 4-49），吸引用户。用户支付时自动引用优惠并扣减（见图 4-50）。

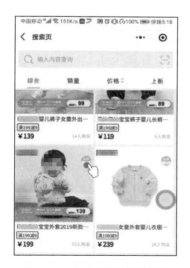

图 4-49 在小程序前端商品页上突出显示优惠活动

图 4-50 支付时自动引用优惠活动进行扣减

（2）设置"满减折赠"券及运营

后台功能形态示例如图 4-51 所示。

与上述第 1 点的优惠活动不同，"满减折赠"券需要用户先领取，成功领取后才能使用，而且是一次性的，用完（核销完）就不能再用了。

"满减折赠"券在电商中使用比较多，可在商品的详情页或购物车中领取，但对于实体店而言，以往几乎难以实施，现在通过小程序也可以做到。此外，通过小程序做"满减折赠"券，还有很多有意思的运营方法，我们在下面详细描述。

图 4-51 "满减折赠"券种类

首先在后台完成"满减折赠"券的创建（见图 4-52）。

图 4-52 创建满赠券的 UI 示例

请特别注意上述界面中的"在产品页可领取""在结算页可领取""是否投放"这三个选项的设置。

选中"在产品页可领取"选项，指的是任意用小程序浏览商品的用户都可以领取这个优惠券，用于指定商品的支付优惠。

选中"在结算页可领取"选项，指的是这个优惠券仅在用户最后结算支付的时候才能看到并领取，用于激励真正下单购买的用户。

如果这两项都不选中，则普通的小程序用户并不会看到，也不能领取这个优惠券。这给线下场景或特别的用户（如企业内部员工）或高级别会员提供了独有的优惠形式（参考 4.2.3 节）。比如可以做一个易拉宝展架放置在线下门店，用户扫码就可以领取一张优惠券。

"是否投放"及"投放单价"选项，使得多个小程序商家之间或同一个商家的多个门店之间，有了相互引流与推广获利的能力。这个能力的应用场景为：小程序平台之上，多个小程序商家可加入一个联盟。当顾客在某个小程序消费支付完成之后或使用收款码支付后，会收到因配置投放而推送的"满减折赠"优惠券，这可以给其他的商家小程序引流。如果配置了投放单价，比如 0.1 元 / 张，则顾客需要支付 0.1 元才能获得这张优惠券，如果优惠力度较大，商品符合顾客的需求，很多顾客是非常愿意领这个优惠券的。商家做投放，甚至可以做竞价模式，吸引更多的客户到小程序中购买商品。"是否投放"功能实际上构建了优惠推广联盟，让更多的商家能够拿到小程序上的流量，共建一个多赢的生态。

后台配置成功的优惠券显示界面如图 4-53 所示。

图 4-53　满赠优惠券列表界面示例

在小程序前台的商品列表及商品详情上显示优惠券领取提示，如图 4-54 所示。

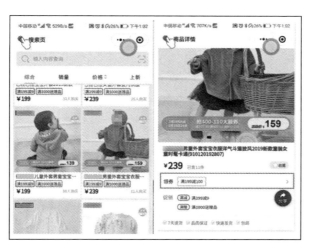

图 4-54　在小程序前端商品页上突出显示优惠券

吸引用户领券，如图 4-55 所示。

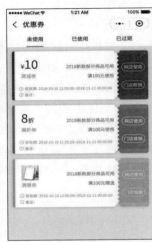

图 4-55　小程序前端领券及用户优惠券信息

优惠券既可以用于线上购，也可以用于线下门店消费，从而让优惠券实现线上向线下，或线下向线上导流。

线上支付时可自动引用优惠券进行扣减，线下使用时，可以由门店进行核销，如图 4-56 所示。

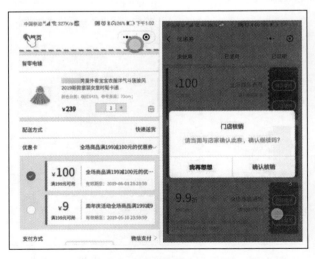

图 4-56　小程序优惠券线上使用与线下核销示例

"满减折赠"券还可以作为礼包，一次性发放给小程序用户领取。比如设置每月每个用户只能用1张，从而培养用户习惯，保持小程序使用的活跃度。

招式价值点

在小程序中实现"满减折赠"优惠促销与"满减折赠"券，是引流与促进成交的最好的方式之一。

- 线上网店可以设置一些"满减折赠"活动来吸引消费者下单，并提升客单价。
- "满减折赠"券可以作为一个礼包来发放给线下和线上的顾客。
- 实体店可以设置"满减折赠"码，让消费者扫码付款，享受优惠及转化为线上会员。

典型案例

线下某奶茶品牌实体店设置了新用户使用小程序时，可一次性领取12张"满19元减10元"的优惠券，但每月只可用1张。

该店叠加使用"满减折赠"促销，成功将线下门店的顾客流量转换为小程序会员，同时保持了小程序用户的高活跃度。

线上小程序商城「智零时尚馆」也使用"满减折赠"的运营手段，有效地促进了小程序用户的稳定增长及用户的活跃度。

使用微信扫一扫小程序码（见图4-57），可查看本招式案例。

图4-57 「智零电铺时尚馆」小程序码

4.4.3 充值

无论是对于线上商家还是实体店商家，"充值"这一营销方式都非常有帮助，是绑定顾客的有效手段，让消费者先存钱再消费，既能提高商家现金流，又能确保顾客回头率，同时也让顾客享受到了优惠与更高等级的服务。

场景与痛点

依据笔者的经验，线下实体店商家（如洗衣店、理发店、洗车店等）采用的传统储值开卡（实体卡）的形式，虽然让商家获得了现金流，但操作比较烦琐，而且就消费者来说，所享受的服务质量有时得不到保障。

线上商家的充值营销相对会好一些，但其运营方式则相对单一，如何运营老用户也是难点。

对于会员、忠实的老顾客，可以使用商家小程序，设置多样化的充值规则（分阶段、分需求）进行充值运营，拉动商家现金流及复购消费，以及使会员及老顾客真正受益，并由此实现口碑传播。

运营招式 014——充值有礼

需要在商家小程序中开发会员余额账户、充值、提现及使用余额功能，此外，如果要配合满足充值运营的能力，还需要配套开发充值送礼、送优惠券、抽奖等功能。

至少有三种充值运营方式：

1）充现金得余额。顾客通过充值，可获得更多的消费金额。比如"充值满100元送现金150元"（见图4-58）。这种充值运营方式比较直接，没有门槛，可以全场购买任意商品与服务。

图 4-58　配置充值有礼示例

在后台完成充值有礼营销设置后，就可以在列表页中看到刚设置好的充值有礼营销列表，如图4-59所示。

图 4-59　充值有礼营销列表示例

在商家小程序前端，用户进入个人中心，点击"账户余额"即可进入小程序的个人账户中。用户在此可以选择"充值""充值记录"或"提现"等，进行个人账户管理。例如,选择"充值",其用户界面如图4-60所示。

图4-60 小程序前端充值界面示例

注意:充现金得到的赠送余额是不可提现的。

除了上面的固定充值营销方式外,还有一种动态充值营销方式,即在根据购物车的金额自动计算引导用户支付的同时充值。例如,购物车订单金额为80元,系统会提示用户支付100元,可以得到120元,那么在该订单支付完成后,用户账户余额还有40元。这样能让用户保持留存和复购。

2)充现金得优惠券。顾客充值,余额等于充值额,但可以获得1张或多张优惠现金券(折扣券)。比如"充100元送10张50元现金券"。采用这种充值方式时,可以限制购买的商品与服务的品类,或者限制同一商品只能用一张优惠券等。关于配置优惠券礼包,可以参考4.4.2节的介绍。

3)充现金得抽奖机会或积分。例如充值抽大奖,就会比较适合喜欢以小博大的客户群体。以服务为主的商家,如高端会所、酒店等,客户群体大多对于储值赠送或折扣不感兴趣,他们更愿意得到不一样的服务体验,比如更高等级的会员服务与权益,那么充值送积分就是更好的方式。

上述三种充值运营方式可以叠加组合使用。

招式价值点

- 充值是绑定客户的很好的方式,体现在:
  - 服务行业的实体店可以使用充值有礼的方式获取现金,提升回购率。

- 线上商家可以通过充值功能提升复购率和顾客黏度。
- 连锁店铺也可以使用充值的方式获取现金，提升回购率。

典型案例

「智零车服」是一款为汽车 4S 店、洗车美容店及维修保养店提供新零售解决方案的小程序，其中使用了"充值有礼"来绑定老客户，有效地提升了商家的现金流及客户回购率与黏性。

客户可以在小程序中进入"我的"，点击"账户余额"，进入"账户余额 – 充值"界面进行充值（见图 4-61）。

图 4-61 「智零车服」小程序充值界面

充值的客户通过小程序可以实时看到账户余额以及充值记录（见图 4-62）。在某些特定的条件下，也可以支持提现。

图 4-62 个人账户余额界面及充值记录界面

使用微信扫一扫二维码（见图 4-63），可查看本招式案例。

4.5 朋友圈广告

朋友圈是微信上的一个社交功能，通过"发现"菜单下的"朋友圈"进入。用户可以通过朋友圈发表文字、图片和短视频，同时支持用户分享来自其他软件的文章或者音乐到朋友圈，对好友发布的内容进行评论或点赞，其他用户只能看共同好友的评论或点赞情况。

图 4-63 「智零车服」小程序码

场景与痛点

朋友圈是微信最为重要功能之一，可帮助用户展示自己的才华，分享个人的状态、想法及经营的产品、所写的活动文案等，也方便用户了解好友的状态，评论好友分享的内容，与好友进行互动。这使得朋友圈可以作为广告媒介为人设、产品、服务、小程序、活动文案或品牌进行宣传推广。

朋友圈广告有两种类别：

- 个人微信号的朋友圈，以人设为基础，向该微信用户的好友进行宣传展示。
- 购买腾讯社交效果广告，以定义好的标签向特定微信人群的朋友圈展示广告。

两类朋友圈广告的对比区分如表 4-2 所示。

表 4-2 朋友圈广告类别对比

类别	覆盖人群	方式	优势	劣势
个人微信号	个人微信好友，原则上会小于 5000 人	较为委婉或有创意的文字、图片、视频、文章链接、评论及 LBS 信息、头像等	以信任为基础，互动交流直接，转化率高	覆盖人群有限，不妥当的内容及发布形式易让人反感
朋友圈广告投放	特定标签的微信用户，人数不限，可按需设定	直接标识为广告的图文、视频及链接	更为精准	需要费用

朋友圈是用户向好友是构建自己人设的地方，需要精心维护。人们希望看到的是一个真实、有想法的人。如果用户在朋友圈所发表的内容不合适，很有可能被其部分好友屏蔽，这会使朋友圈作为宣传推广的功能大打折扣。

我们平常说的微信朋友圈广告，一般指的是第二类——朋友圈广告投放。

运营招式 015——朋友圈广告

朋友圈广告的两种类别都可以用于展示与运营小程序。

1）利用个人微信号的朋友圈进行含小程序码的广告展示。常见的方法有：

- 利用节日或特殊节气、事件，制作朋友圈海报图文（见图 4-64），嵌入小程序码进行传播与导流。例如：

图 4-64　朋友圈海报图文示例

- 开发小程序功能，自动生成小程序商品或服务的朋友圈海报图文，以便通过个人朋友圈进行发布。甚至可以开发小程序功能，做到每日一图。这个招式这里不展开，在第 7 章中再进行详细阐述。
- 可以通过微信头像图片、在朋友圈图文消息中加 LBS 备注信息、在微信图文消息中嵌入小程序等方式进行广告展示。

2）微信朋友圈广告，通过购买腾讯社交效果广告，进行小程序链接直达，实现精准目标人群触达及获取小程序新用户。这是我们在本节中重点介绍的招式。

微信朋友圈广告是基于微信生态体系，**以原创内容形式在用户朋友圈进行展示的原生广告**，示例如图 4-65 所示。

通过整合亿级优质用户流量，利用专业数据处理算法，朋友圈广告为广告主提供了一个国内独一无二的互联网社交推广营销平台。

图 4-65 朋友圈广告示例

朋友圈广告当前已开放 28 个一级行业类目，商家只需要符合朋友圈广告准入行业要求，即可投放朋友圈广告。

微信朋友圈广告支持多种广告样式、人群定向及售卖策略。例如，可以按照地域、性别年龄、手机相关（品牌型号、手机系统及联网环境）、婚恋情况、最高学历、兴趣行为定向标签、LBS、再营销等属性进行人群定向。关于售卖策略，朋友圈广告支持曝光排期购买和曝光竞价购买两种购买方式，按千次曝光收费，按核心、重点、其他城市三大类地域阶梯定价。其中，除朋友圈本地推广广告仅支持曝光竞价购买外，其他广告均支持曝光排期购买和曝光竞价购买。

用户通过广告，可以直接进入小程序或查看其他广告信息，示例如图 4-66 所示。

关于微信朋友圈广告投放的更多信息，商家可关注公众号"微信广告助手"，详细了解朋友圈广告形态、广告投放的行业准入与投放策略、价格，直接操作进行广告创建与投放。

招式价值点

通过购买腾讯社交效果广告，进行小程序展示与链接直达，精准触达目标人群，并以较低的成本获取小程序新用户，实现品牌传播与营销转化。

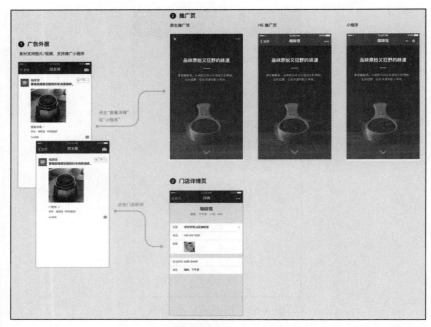

图 4-66　微信朋友圈广告体验流程

典型案例

"51Talk（随你阅英语）"通过朋友圈广告投放主推小程序，实现低成本的目标人群获客增长。

在微信朋友圈广告投放中，51Talk 提出了较高的客户资料获取精准度要求，其定义的投放目标对象主要为家长人群。51Talk 希望通过朋友圈广告推广，在稳定可控成本范围内多维度触达目标人群。

因此，51Talk 最终通过下面两个投放策略来执行朋友圈广告投放。

- 广告形式主体为原生视频，直接落地小程序提高注册效率。广告外层视频以原生态的上课场景为主，以学生和老师的夸张动作来诠释 51Talk 的课程理念，很好地表现出 51Talk 的课程特点，吸引用户点击视频。点击外层视频后，落地到小程序一键获取用户信息，减少注册流程，提高注册率。
- 多维度触达目标人群 + 罗卡定向，实现品效合一。集合腾讯广告数据、广告主自有数据等多维度组合智能投放，直接触达目标受众人群，从而获取高质量曝光，在增加新用户注册量的同时提升了广告效果，实现品效合一。

51Talk 展现给目标人群的朋友圈广告如图 4-67 所示。

图 4-67 51Talk 朋友圈广告展现

51Talk 通过朋友圈广告投放主推小程序,利用了腾讯广告数据等多重维度组合,结合精选图片、精选视频、精准文案、精确定向等优化手段,最终获得超过 2000 的表单反馈数,高效达成营销目标,实现了品牌传播、新用户获取与营销转化。

使用微信扫一扫二维码(见图 4-68),可查看本招式案例。

图 4-68 51Talk 朋友圈广告案例码

4.6 一物一码

"一物一码"指的是让每个商品都有一个自己的专属码。

2019 年 7 月 16 日,微信正式开放了"一物一码"功能,通过在商品上印制二维码,让每一件商品都变成一个品牌小程序的入口。"一物一码"使得商家即使没有渠道也可以高效与消费者发生关联。

场景与痛点

零售品牌,特别是快消品,每天卖出的商品数以亿计,以前厂家经常搞一些抽奖活动,试图与消费者产生连接,但流程复杂,耗时耗力,用户体验及时效性、准确性等实际效果并不佳。

也就是说,零售商品的销售,一直以来缺乏与消费者有效的关联,导致巨大流量"消失",并且难以回流沉淀。

运营招式 016 一物一码

现在,品牌商家可以通过微信团队提供的"一物一码"功能接口获取支持 0.5cm×0.5cm 印刷面积下快速读取的"微型码",并通过在商品上"赋码"的方式,实现消费者跳转小程序、公众号、精准营销互动、大数据运营等能力,将卖出去的货品变为"流量"并沉淀下来。

"一物一码"功能的用法可以很多,如使用"一物一码"验真伪、发红包、做活动……同时,"一物一码"所涉及的"微型码"是腾讯专利码制,不能被破解和仿制,大大提升了商家制码的安全性。

"一物一码"所涉及的"微型码"的样例如图4-69所示。

图4-69 用于"一物一码"的"微型码"示例

品牌商家想要接入"一物一码"功能,可以登录已认证服务号的后台,点击公众号菜单中的"添加功能插件",发起"一物一码"功能插件申请(见图4-70)。

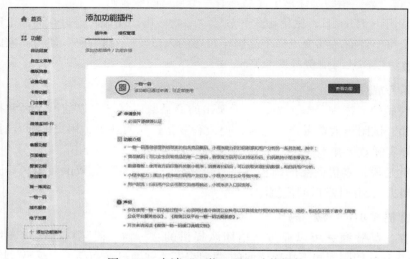

图4-70 申请"一物一码"功能插件

申请通过后，商家可自主研发或授权给微信开放社群中接入"一物一码"功能的第三方服务商进行研发。

生成微型码后，修订商品包装设计，并进行商品制码。

商品投放后，即可登录公众号后台，使用"一物一码"功能查看扫码数据。

招式价值点

目前，微信"一物一码"功能已经全面开放，东鹏特饮、王老吉、蒙牛纯甄等零售品牌已经率先接入该功能。经过验证，该功能已经产生了如下三个价值：

- 每一件商品都是小程序流量入口。"一物一码"让商品变成最大的流量入口，这是其最大的价值亮点。消费者购买商品时扫描商品上的微型二维码，就能直接跳转到品牌专属小程序，获得定制化服务，这样一来，每一件商品都可作为小程序的线下入口，通过小程序高效与消费者取得联系，获得流量。
- 商品成为营销的最佳方式。与消费者取得联系后，就要考虑如何与消费者互动。传统的线下营销活动成本高、效果差，而借助"一物一码"，商家可以通过"关注公众号组件""小程序红包"等功能与用户互动，例如在小程序中向用户发放优惠券或红包等福利，吸引消费者回流公众号，持续为消费者提供服务，将每一件商品都变成一个"分发渠道"，实现精准营销。
- 大数据能力帮助商家实现精细化运营。消费者数据作为零售品牌实现数字化经营的重要依据，一直都起到重要作用，但商家的痛点在于没有数据、没有获取数据的能力，无法将数据用起来。现在，"一物一码"可以解决这个问题。

微信"一物一码"为零售品牌提供了大数据支持。商家可以在后台查看商品的扫码时间、地点，购买商品的用户的年龄、性别、地域分布等人群画像数据，及时了解产品走向和营销效果，灵活调整营销内容，同时更精准地把握用户习惯，进行深度运营，让商品卖得更高效，也让用户体验得到提升。

典型案例

王老吉借助微信"一物一码"功能实现产品销售增长及扩大品牌影响力。

2017年，王老吉为腾讯视频的《明日之子》量身定制了3亿份带有微信"一物一码"专用二维码的罐装、瓶装凉茶，将微型二维码分别置于罐装茶的拉环及瓶装茶的瓶盖内（见图4-71）。

图 4-71　王老吉定制的"一物一码"

消费者要参与活动,就必须购买特定产品,这样首先就把综艺的流量导流入了定制版产品的销售中。

其次,消费者要为自己喜欢的明星打气投票,就需要扫描拉环或瓶盖内的微型码,这样又将节目的人气流量导入王老吉的小程序里。

通过小程序中的活动及奖品,王老吉不仅连接了大量的消费者,而且使消费者对企业品牌有显著认知,进一步增加了产品的销售。

实际上,"一物一码"的流量入口,不仅使王老吉定制产品在活动期内被抢购一空,其整体产品销售同比也增长 21%,不仅如此,同期王老吉的企业品牌声量增加 2.2%。提及王老吉的人群中,18 岁以下的人群占比上升了 2.4%。

关于"一物一码",另外两个精彩的案例是东鹏特饮与洋河股份。

零售品牌东鹏特饮通过在小程序中接入"一物一码"叠加"现金红包"功能,实现了精准营销(见图 4-72)。小程序上线以来,产品销量每年连续复合增长 40%,同时也帮助东鹏特饮节省了近千万的营销预算;另外,利用海量商品流量,东鹏特饮还通过"小程序广告组件"进行商业变现,月均流水已超过百万量级。

洋河股份则用"一物一码"重新定义了白酒消费新场景。洋河股份通过小程序"码上有奖,瓶瓶有红包"活动,解决了产品数据全生命闭环中消费者数据转化,同时对白酒行业的防伪和窜货等问题有了全新的解决方案。

"一物一码"功能的全面正式开放,使得小程序能力更加强大,也让商家可以更好地发挥场景创新玩法,包括减少传统贴纸成本(服装吊牌辅料等),给商家带来精准客户,派券并引导客户进入商家官方微信小程序,实现在线购买等。

图 4-72　扫"东鹏特饮"微型码得现金红包

第 5 章 Chapter 5

商品运营

按使用类别,小程序大体可以分为游戏、工具和电商(交易商城)三大类。由于操作简便,其中电商类小程序作为去中心化、社交零售的新形态,正在成为商家重要的销售渠道,电商类小程序所占的比重已越来越大。

商品运营是电商类小程序的运营核心之一。好的商品配合好的运营方式,才能产生好的销售效果。

本章将讨论电商类小程序中与商品运营相关的招式。

5.1 商品选择与展示

对于电商类小程序而言,选择什么样的商品,以及以什么样的形式展现商品,将直接影响商品交易转化率、毛利率、客单价等运营指标。

场景与痛点

一般来说,电商类小程序会包含三类商品:

- 爆款。这类商品通常具有极高的性价比,但毛利极低,甚至可能售价低于成本。爆款商品会经常用于秒杀、拼团等引流活动。这类商品主要用于提升转化率,特别是促成用户的第一次购买。
- 利润款。这类商品品类比较丰富,可覆盖各个价格段的商品,是商家希望销售的主要商品,也是商家的主要利润来源。
- 形象款。这类商品普遍定价较高,且品位与质量都很好,是商家品牌形象的代表,其销售量不是商家关注的重点。形象款商品属高品质、高价格产品,帮助用户形成品牌认知,并让用户不自觉地将其与利润款商品形成对比。这类商品主要用于提升品牌形象，并促进利润款商品的销售。

这三类商品在电商类小程序的运营中缺一不可。

由于电商属于视觉经济，商品的信息展示会直接影响交易转化率。如何选择商品类别并合理地搭配、展示是商品运营中的重要挑战。

运营招式017——商品选择与展示

商品的来源不外乎**自有供应链生产的商品与外部供应链的选品**。商品的选择一般要经过初选、测试确定、最终全面曝光销售三个过程。

1）**商品的初选过程**。

- 自有供应链生产的商品的初选。一般是商品企划部门依据历史数据、行业经验或市场调查综合确定，可以自主定义爆款、利润款与形象款。基本上这种自有商品的利润都可控，但有库存风险。
- 外部供应链选品的初选。一般是由商家依据货品供应商提供的参考数据决定的。这类商品往往同质竞争比较激烈，毛利会偏低，而且供应可能不稳定（例如缺货），但好处是没有库存。

2）**商品的测试确定过程**。一般有两种方法，即预售与A/B测试。

- 预售：是指商品尚未生产即开始销售。依据预售的情况，确定生产数量与归类。预售多会圈定老用户进行。
- A/B测试：是常规确定商品的方式，做法是在同一个页面配置不同的产品，当用户进入页面时，展示不同的商品，最终依据流量转化率确定商品及归类。

3）**商品的最终曝光销售过程**。这是电商销售的最重要环节。由于已经确定商品的分类，选定了爆款、形象款与利润款，这个过程中要挖掘出每类商品的核心卖点，有主次地将卖点展示在商品主图或广告图中。

对于爆款商品建议增加视频来展示，因为视频展示的内容最为丰富，同时要将这些商品合理地分配到秒杀、拼团及新品、推荐等区域或活动中（见图5-1）。

商品的展示方面，还应该依据节日、产品系列等，设置相应的、独立的专题页面（见图5-2）。

招式价值点

电商类小程序中，通过合理的选品、搭配及展示，可以有效提高商品的交易转化率、毛利率、客单价。

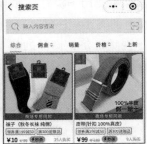

图 5-1　新品与秒杀商品的标识及其核心卖点展示示例

图 5-2　节日商品专区展示示例

典型案例

「智零时尚」是服饰类小程序商城，本身没有自有供应链生产的商品，其商品全部是来自外部供应链的选品（见图 5-3）。

图 5-3　「智零时尚」商品展示界面

「智零时尚」小程序巧妙地打通了服装供应链平台系统，智能选用平台上其他商家共享的商品，使得其商品的品类可以足够丰富。然后运营团队将爆款、利润款与形象款三类商品有机地进行搭配，形成了完整的、有吸引力的小程序商城（见图 5-4）。

图 5-4 「智零时尚」中的商品搭配与活动专题区示例

而且运营团队还对这些商品进行了组合装修，设计出各种活动，组成了多个极具吸引力的专题区。

据运营团队负责人介绍，「智零时尚」小程序运营数据中，秒杀专区的交易转化率达到了 30%，其主打的拼团活动与爆款专题区，客单价与销售规模均显著高于其他同类商品小程序。

使用微信扫一扫小程序码（见图 5-5），可查看本招式案例。

图 5-5 「智零时尚」小程序码

5.2 商品快速上线

电商类小程序中，通常商品的品类要足够丰富，以满足不同时期、不同用户的多种需求。

场景与痛点

在电商类小程序的日常运营中，商品资料的编辑与上传的工作量较大，也需要一定的技能。

传统的中小商家往往缺乏图片与视频制作、编辑与美化的能力，商品的上架工作更是较难顺利地完成。

而对于有商品资料编辑处理能力,特别是已有天猫、淘宝、京东等店铺的商家来说,由于商品数量众多,在新增小程序电商销售渠道时,商品初始化的工作量也十分巨大。

商场如战场,如何快速上架商品,减少人力成本,是每个电商运营人员必须思考的问题。

运营招式018——智能抓取商品

在电商类小程序后台中,开发批量上传商品、从第三方渠道(如从淘宝、天猫、京东)抓取商品以及商品复制功能。

例如,开发自动智能抓取商品功能,示例界面如下(见图5-6)。

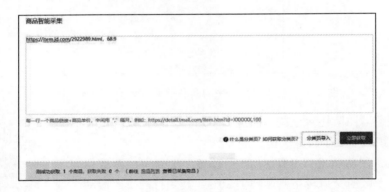

图5-6 智能抓取商品功能界面示例

该功能既可以实现单个商品智能抓取,也可以实现批量商品页面智能抓取,从而有效提升商品上架的运营效率。

再如,开发商品复制功能,示例界面如图5-7所示。这样如果商品属同类产品或者相似度较高,就可以使用商品复制功能,大大提升商品的上架速度。

	商品信息	供货商信息	价格	佣金计算方式	总销量	利润	操作
☐	玻尿酸美白面膜 补水保湿提亮肤色 5片装正品	个人护理/保健/按摩器材	¥109	按比例:10%		¥	单品选择 整店代销 商品复制
☐	玻尿酸美白面膜5片*2盒套组 补水保湿提亮肤色正品	个人护理/保健/按摩器材	¥198	按比例:10%		¥	单品选择 整店代销 商品复制

图5-7 商品信息复制功能界面示例

未来还可以考虑在小程序前端实现一键抓取商品，进一步提升商品上架运营效率。

招式价值点

通过智能抓取与商品复制功能的开发与使用，可以有效地提升电商类小程序商品的上架速度，降低运营成本。

典型案例

「EAORON 直营店」小程序出自销售澳大利亚化妆品商家，其原已开设天猫店铺。商家意识到小程序电商渠道逐步兴起，也决定新增小程序「EAORON 直营店」。但商家不愿意为小程序增加额外的运营人员，这对小程序服务商提出了新的功能要求。

「EAORON 直营店」小程序上线后，由于有小程序服务商为其提供后台智能抓取与商品复制的功能，商家在几分钟便可完成所有商品上架。

值得一提的是，在商家进行商品上架时，智能抓取商品功能可以一次性从其天猫店中抓取商品价格、属性与描述等所有信息。同时，当天猫店商品发生变化时，商家同步进行抓取更新即可。这些都大大减少了商家的工作量。

使用微信扫一扫小程序码（见图 5-8），可查看本招式案例。

图 5-8 「EAORON 直营店」小程序码

5.3 商品兑换卡

在商品运营过程中，存在一种非常特殊的"虚拟"商品，其内含指定的现金价值，可用于兑换购买全部或指定商品，我们称之为商品兑换卡。

场景与痛点

消费者在购买商品时，存在一些特殊的场景，比如客户关怀、员工福利、亲朋好友送礼、体验试用等，往往因为不知道商品最终用户的实际需求，或最终用户的需求多种多样，导致购买时犹豫不决。这时就需要一种"柔性"功能的商品来代替，商品兑换卡应运而生。

在某些商品（比如大闸蟹、月饼等）预售环节，商家希望可以锁定一部分用户或先回笼一部分资金，这也需要使用商品兑换卡。

商品兑换卡如何结合小程序来运营，覆盖更多的用户消费需求，促进商家销售转化呢？

运营招式019——商品兑换卡

基于上述场景与痛点，小程序服务商需要开发后台商品兑换卡的制卡、发卡功能，前端需要开发商品兑换卡的销售、兑换功能。

1）制卡功能界面如图5-9所示。

图5-9 商品兑换卡制卡功能界面示例

保存后即生成与张数相符的兑换卡密码，该密码用于定制实物卡或虚拟卡。

2）进行发卡或开卡激活。当有用户购买该商品兑换卡后，商家可在后台进行该卡的开卡激活。如果是实物卡，则可将该实物卡快递给客户。对于虚拟卡，商家可以直接发送卡密短信给客户。

3）客户拿到实物卡，扫码背面的小程序码，即可进入小程序商城。刮开实物卡背面的密码区，即可在小程序中进行商品的按需兑换。如果购买的是虚拟卡，则按短信提示进入小程序商城，进行兑换（见图5-10）。

小程序商城中支持兑换的商品，要对接兑换功能。兑换完成后，该卡密码将被核销。

显然，商品兑换卡还有助于商家用小程序进行用户拉新，获得终端消费者信息。

招式价值点

商品兑换卡适用于消费者有不确定需求时的购买场景，商家通过兑换卡可以进行预售，提前锁定用户及回笼资金，例如：

- 在小程序上直接卖礼品实物卡，将兑换卡作为一种普通商品进行交易。
- 礼品公司可以印制礼品实物卡，在节日期间批量将实物卡卖给企业，可用于发放员工福利和馈赠客户等。
- 产品型公司可以印制自己的礼品实物卡，用于赠送给企业合作伙伴或作为内部员工福利。
- 方便用户线上送礼。

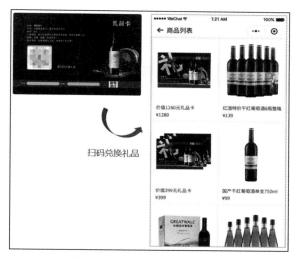

图 5-10　商品兑换卡使用示例

商品兑换卡使小程序商家具备了一种能力，让商家可以像大企业一样发行自己的会员储值卡。

事实上任何一个小程序电商商家，都可以新增这个商品兑换卡功能进行商品运营。

典型案例

「锦萱优选」小程序是广州市互锦电子科技公司开发的礼品电商小程序。锦萱优选的经营理念为"品味、时尚、友谊"，他们主要为企事业单位的员工福利、客户关怀以及个人的礼尚往来需求提供优质、实用与高性价比的礼品。

「锦萱优选」小程序使用商品兑换卡，较好地满足消费者送礼的这种不确定购买需求。其设计制作了多种面额的商品兑换卡（有实物卡与虚拟电子卡），如图 5-11 所示。

图 5-11 锦萱优选的商品兑换卡示例

用户购买兑换卡后,即可使用其配套的密码进行商品兑换(见图 5-12)。

图 5-12 使用商品兑换卡进行商品购买示例

通过「锦萱优选」运营团队获知，小程序中大约有43%的商品销售量来自商品兑换卡的兑换；另外，通过商品兑换卡，「锦萱优选」也积累了很多小程序会员用户。

使用微信扫一扫小程序码（见图5-13），可查看本招式案例。

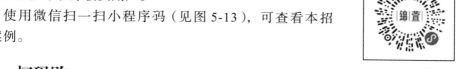

图5-13 「锦萱优选」小程序码

5.4 扫码购

想象一下，如果有一千万名顾客，可以不经过收银员（或者不用去收银台）结算就自由进出超市，是一种什么样的情景？

场景与痛点

线下大型商超，里面虽然有丰富的商品，可满足顾客任意选购的需求，但最终的收银环节一直是各大超市的痛点，顾客难免要在收银台前经过漫长的排队等待才得以结算商品，特别是在高峰时段。

还有一些热门店、网红店，下单购买或者排队结账都是一件令人烦恼的事情，往往需要较长时间的等待。

生活节奏的变快，使得大家对于"等待"的忍耐度越来越低，对"效率"的要求越来越高，收银台提高效率、改变收银方式就变得越来越迫切。

运营招式020——扫码自助购

在商超便利店行业，可实施智慧门店项目，开发小程序"扫码购"功能系统，实现在客户进店后即可进行人脸识别，让客户可以在门店用小程序享受扫码下单、自助收银等自助服务，减少客户收银排队时间，提升客户的购物体验。支付前后，商家可运用大数据进行精细化运营，精准触达消费者，提升转化率、客单与复购。

简单而言，"扫码购"就是通过微信里的小程序，将客户的手机变成一把"私人定制的扫码枪"，随时扫码，便捷购物。"扫码购"整合了小程序与微信支付。客户可以使用手机扫描商品二维码，查看信息，获取优惠，自助结账，边走边买，直接使用微信支付，无须前往收银台排队结账。

（1）扫码自助购

用户体验流程：用户扫描商品后，将直接调出商家的扫码购小程序，并定位到所属门店，直接帮用户将该商品加入购物车，用户直接通过小程序调用微信支付自助购买商品，出店前让收银员或自助核验机器核验后即可离开。流程示意图如图5-14所示。

图 5-14 扫码自助购操作流程

扫码购减少了用户排队买单的时间,在店内商品货架前即可完成一系列的商品支付行为,提升了门店的收银效率,这是商超便利店行业中适配高峰期排队买单的场景的解决方案。

(2)扫码购全新数字化经营

利用电子价签(见图 5-15)将商品价格标牌信息数字化,释放货架贴牌人力资源,可后台管理,实现对商品的更换、调价。

图 5-15 电子价签示例

通过用微信扫描商品码,用户可以一键调出购物车,基于 LBS 与门店强关联。不同用户扫码,可以享受不同优惠额度,系统也会根据用户喜好,推荐关联产品,方便用户选购。

招式价值点

常规收银台，平均每个顾客收银时间约 2 分钟，而用户使用"扫码购"根本就不用去收银台，在专用通道核验后即可离场，提升了用户体验和门店效率。

"扫码购"出现后，"无须排队"形成了独具中国特色的生活方式和社会现象。"扫码购"更符合年轻人的使用习惯，可以帮助超市、便利店门店进行人群分流，将有限的收银台资源留给更需要的人，比如老人和不方便使用手机的人。

"扫码购"小程序也帮助商家很好地完成了线上互动及用户转化，助力经营数字化，不仅可以进行消费人群画像与分析，还可进行人流动线、商品展示摆放等与销售额之间关系的深刻洞察，实现精细化运营。

典型案例

沃尔玛使用「扫玛购」小程序，让用户扫一扫商品条形码，即可在手机上自行用微信结账，然后离店无须排队付款，大大减轻了收银台的压力，显著提升了用户的购物体验。

沃尔玛很早就注意到购物高峰期，顾客需要排队等待收银台结算这一问题，随着生活节奏的变快，也充分理解所有人都对"等待"的忍耐力越来越低。如何提升收银台结算效率，改善用户购物体验？科技已经使得自助收银成为可能，但如何通过科技使得自助收银的产品与其整个生态系统中的客户加深联系？

沃尔玛认为，在选择落地顾客自助结账时，应当基于大家都容易接触、高效使用、连接更深的产品，即微信。而在实际操作中，沃尔玛则看到了小程序更大的优势。很快，沃尔玛与腾讯智慧零售展开合作，着手开发「扫玛购」，并于 2018 年 4 月完成开发并上线（见图 5-16）。

（1）人手一把扫码枪，节省百倍排队时间

由于微信几乎覆盖了国内所有的零售消费者，小程序无须下载、即扫即用，店员只需在店内告知顾客说用扫码购可快速买单，不用排队，即可引导用户打开微信小程序，导流成本非常低。

也正因如此，通过小程序，使得智能手机成为扫码枪。人手一把扫码枪，沃尔玛的「扫玛购」在上线 5 个月就拥有了 1000 万名用户（见图 5-17）。

据沃尔玛相关人士介绍，"扫玛购"一经推出，原来结账的平均时长由以分钟计算提速到以秒计算。

图 5-16　沃尔玛「扫玛购」小程序界面

图 5-17　沃尔玛「扫玛购」宣传海报

（2）「扫玛购」不只是"扫码枪"，还是精细化运营新工具

「扫玛购」小程序并不只是一款简单的结算工具，千万用户的背后，沃尔玛通过「扫玛购」小程序对顾客的消费进行分析，实现了更精细化的运营。

沃尔玛发现，使用「扫玛购」的用户来店频率会更高，而且这些用户购买的商品中增长最快的就是"便利型"商品。所谓"便利型"商品指的是熟食或者即食性商品。由于结账速度更快了，原来选择去熟食摊档或迷你型便利店购买的用户，现在愿意改为来到品质有保障的沃尔玛。

推出「扫玛购」后，卖场里便利型商品品类销售成长非常快。沃尔玛观察到一些常见的场景，比如清晨，在沃尔玛惠选超市，经常可以看到刚刚结束晨跑的顾客进店，用「扫玛购」的方式购买一瓶矿泉水，或者有顾客选购一份便利午餐，手机扫码支付后匆匆赶回工作岗位（见图5-18）。

图 5-18　用户使用沃尔玛「扫玛购」

了解到这个趋势后，沃尔玛加大了相关商品的推广，在门店也做了相应的陈列调整，比如将水果、熟食和即食商品陈列在紧邻超市入口的位置。这一做法进一步优化了对时间要求较高的顾客的购买体验。

增长的不仅仅是"便利型"商品。沃尔玛发现在门店做「扫玛购」推广时，以前不太好"被安利"的"年长型顾客"也表现出强烈的意愿去尝试「扫玛购」。这归功于小程序的"扫码即用、用完即走"的优势。小程序可以在用户授权后，获取相关信息，省去了很多操作，这就从根本上解除了很多商家"如何让年长型顾客线上化"的问题。

此外，小程序也帮助沃尔玛较好地完成了线上互动及用户转化，并且沉淀了很多用户数据资产。在2018年线上线下全渠道"8.8购物节"，沃尔玛一改过往实体门店大量印刷优惠券的方式，成功用「扫玛购」小程序在全国范围派发电子优惠券超过1200万张，吸引了大量的新用户参与抢券享优惠，短短几周便创造了用户增长翻倍的成绩。

在沃尔玛中国大卖场电子商务部副总裁博骏贤（Jordan Berke）眼中，零售创新需要"不断提升用户体验，顾客体验始终是科技推广应用的核心关注点"。

（3）实体店强推广：规模化让"小程序"不小

虽然轻松完成了引流和打造闭环的问题，但沃尔玛深知，只有「扫玛购」的普及应用实现规模化，才能保持用户的不断增长，吸收更多的用户反馈后，才能确保产品长续迭代。

「扫玛购」的推广过程，沃尔玛还是围绕顾客体验做文章。为了让更多用户更加顺畅、无碍地使用「扫玛购」，沃尔玛全国近300家门店做了如下几件事：

1）全员宣传、全员培训、全员推广。

从管理层到每位员工各个岗位，甚至包括店里的促销员，都要学习掌握「扫玛购」的操作方法。确保顾客无论在店里的任何角落、无论遇到哪位工作人员，都可以获得帮助（见图5-19）。

图5-19 全员推广使用「扫玛购」

2）优化场内运营，提高收银效率。

为给顾客带来最大的便利性，门店给"扫玛购"安排了位于收银区最靠近顾客主客流的通道。顾客购物完，可以第一时间最快出场（见图5-20）。

图5-20 用户使用「扫玛购」场景

门店还配合增设了各种标牌导视,并在「扫玛购」推广初期安排多名员工在入口和出口处宣传、介绍和指导「扫玛购」快速收银的好处和操作,同时在现场引导正在排队的顾客立即体验。

3)投入智能设备,提升用户体验。

沃尔玛还给员工配备了终端设备,由员工主动扫描顾客手机上的二维码,检验结账付款情况,帮助顾客出场。目前,最新的举措是在扫码通道专门安装一台显示器,顾客走到显示器前即可自主扫描(见图5-21)。

图5-21 用户使用「扫玛购」买单场景

仅用一款小程序,沃尔玛就给每位用户配了一把"扫码枪",这种体验一经推出就大获好评。在部分沃尔玛门店为期两个月的测试期中,「扫玛购」获得了高达30%的渗透率,其中约95%的顾客表示乐于继续使用这种新型自助结账方式。目前,「扫玛购」用户已累计突破1000万人。

随着沃尔玛「扫玛购」在全国400多家门店全部铺开与覆盖,用户人数取得了进一步的突破。其功能也将依托O2O的模式,定位门店提供"领券中心""今日优惠"推荐等增加顾客触点,同时也为行业注入更多社交基因和科技智能基因。

使用微信扫一扫小程序码(见图5-22),可查看本招式案例。

图5-22 沃尔玛「扫玛购」小程序码

5.5 下单购买

商品订单中，有很大一部分是供应链中企业的订单。这类商品的购买与 ToC（针对终端消费）的商品购买有所不同，随着互联网深入应用与移动通信技术的发展，企业类商品的下单购买也需要与时俱进。

场景与痛点

这几年随着 IT 技术能力的不断提升，企业类商品购买基本由原来传统的电话接单转向了电子下单平台（B2B，即 Business-to-Business，企业对企业），典型的下单模式有通过 PC 端、APP、H5、小程序下单。下面简单用图描述这些年企业采用不同模式下单的演变过程（见图 5-23）。

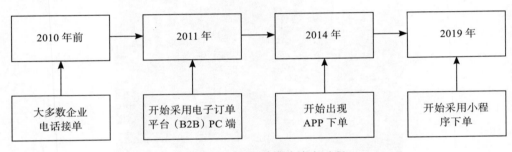

图 5-23　企业下单模式演变过程

由图 5-23 可以看出，企业下单模式不断转变基本上是被推着走，原因在于其所遭遇到的"痛点"：

- 最早采用的发放产品彩页 + 电话接单形式，效率低、成本高。货主开单员（厂家 / 上游企业）每天接单可能需要 12 小时，而且需要采用是"一对一"的服务下单。而商家（下单企业 / 下游商家 / 店老板）是需要做生意的，电话接一半可能还要处理其他事务，之后再打电话过去。打电话的成本也很高（当时还采用中继线方案），还有印制产品彩页成本，加上人工操作、服务水平及体验都可能存在问题。这时就发展出电子下单平台（B2B）模式。
- 采用电子平台 PC 端给商家客户下单，明显提升了货主开单员的工作效率。商家客户可以全天候 24 小时下单，原来的开单员有更多时间去做售前的增值服务工作。当时推给商家客户的运作还基本都是先通过电话加纸质单通知，再到 PC 端下单。尽管当时 PC 端下单还也算方便，但需要统一批量操作。随着移动端的发展，APP 也开始应用起来，应用 APP 最大的好处就是让商家客户能利用其碎片时间来下单，要知道 PC 端直单操作时代，很多商家客户（特别是店老板）是白天做生意，然后晚上回到家再下单。
- 采用 APP 和 PC 端的混合模式下单逐渐成为当时非常流行的模式，基本也能满足当时的需求。但 APP 最大的问题是推广比较麻烦，进行信息维护的工作量比较大，商家客户安装 APP 遇到问题比较多。特别是新商家客户，平台货主都要安排业务员上门指导安装和下单。现在同质竞争很厉害，如何让商家客户通过自己的 APP 平台下单，也是非常大的挑战。

针对 APP 下载安装、推广使用都有困难，而且较难以实施其他营销鼓励机制，运营维护工作量又非常大，使用小程序的企业类商品下单购买的解决方案也就成为必然。

运营招式 021——下单平台

为企业类商品构建小程序下单平台，优化购买流程，绑定平台下单激励。小程序下单平台的主要功能模块如图 5-24 所示。

图 5-24 小程序下单平台功能模块示意图

特别值得一提的是图 5-24 中的 ERP（Enterprise Resource Planning，企业资源计划）接口模块与返利激励模块。

在 PC 互联网时代，企业信息化过程中，一般已建立起生产管理系统（即常说的 ERP 系统），这里需要给小程序服务开发相应的 ERP 系统接口，以获取客户、商品、库存信息，并将订单信息更新到 ERP 系统中。

另外是返利激励模块，需要有灵活的营销返利激励方案与配套算法，可以供企业随时配置调整，并可依据实际需求与市场变化，实现高效灵活的返利激励。

招式价值点

构建企业类私有化小程序下单平台，助力企业赢得先机，方便企业灵活应用运营激励措施，从而扩大客户群，增加客户黏性及提升业务量。

典型案例

国丰药业使用小程序下单平台，解决了营销资金发放的问题，并大大提升了商家客户的下单效率。

广东国丰药业有限公司是广东省食品药品监督管理局批准的一家通过GSP认证的药品销售企业，公司总站设立在千年商都广州市，是集药品零售、批发、代理及输出管理咨询于一体的企业。

国丰药业主营"双龙出海"系列产品的全国销售业务，该系列产品投放市场四周年，已于全国所有行政省/市建立了良好的销售网络。公司以每年增加5～10个新品的速度继续丰富"双龙出海"系列产品的产品线，目前双龙出海品牌产品涵盖了药品、保健食品、食品、化妆品、医疗器械等医药类共计一百多个品种。

"双龙出海"系列产品的代理商众多，各有不同的下单平台。无论是代理商企业还是国丰药业，企业都要考虑如何让商家客户在自己的平台上下单。

因此，国丰药业信息部开始思考，应该使用什么解决方案，让企业的下单平台在竞争中脱颖而出。经过业务梳理发现：首先，国丰有自己的品牌"双龙出海"，可以有足够的空间让利给商家客户；其次，应该有最简单、轻便的方式（比如使用微信小程序的方式），让商家在碎片时间随时随地下单；结合营销红包，让商家客户对下单平台印象深刻，以便让商家客户在缺货的第一时间想到去国丰的电子平台下单。

很快，国丰药业联合微信小程序服务商广州智零网络科技公司讨论小程序下单购买平台的构建需求，最终形成私有化部署的小程序下单购买解决方案并实现上线（见图5-25）。

国丰药业小程序下单购买平台上线后，商家客户不再需要安装APP（而且APP还要区分安卓和iOS系统），大大降低了信息部因为安装问题的大量时间花费；商家客户要下单，简单推送链接或者扫码就可以进入小程序下单，效率明显提升。商家普遍反馈下单便利，体验流畅，显著提升了商家客户满意度。据统计，小程序下单平台上线后，国丰药业信息部对商家下单的支持工作量下降为原来的一半，但同时下单量却获得了70%的提升。

图 5-25　国丰药业「双龙出海」小程序界面示例

其次，公司通过小程序的企业支付功能可以发放下单红包，这解决了企业通过营销发放资金复杂又烦琐的工作。如果没有上线这个解决方案，这些工作通过人工操作是很难完成的。

国丰药业信息部负责人阮良进先生如是评价小程序下单购买解决方案："好的解决方案就是解决企业遇到痛点和瓶颈的利器。企业应该依据业务变化和新的技术不断发展，及时优化调整业务系统，寻找更优的解决方案。我对于公司上线小程序解决方案是比较满意的，相信未来还可以通过不断优化业务逻辑让小程序发挥更大的作用。"

使用微信扫一扫小程序码（见图 5-26），可查看本招式案例。

图 5-26　国丰药业「双龙出海」小程序码

第 6 章 Chapter 6

一体化运营

所有的业务、功能与商品最终都要围绕着消费者（人/用户/会员）而服务。流量运营与商品运营只是小程序运营的基础部分，在此基础之上，还要围绕消费者展开会员管理、个人分销、企业代销、品牌文化影响、工具应用等工作，将其有机地结合在一起，我们称之为一体化运营。

本章将探讨会员、分销、代销、文化与资讯、实用工具等方面相关的一体化运营招式。

6.1 会员

在商业活动中，商家为了更好地维护客户关系，会主动收集客户的一些资料并建立档案，设法为客户提供更多的权益与更周到贴心的服务，提高客户的忠诚度与商家影响力。这些建立了档案的客户就成为商家的会员。

因此，会员通常是比访客、普通顾客更高级别的用户。商家的会员数量、质量以及维护管理能力对商家服务的购买、使用及品牌宣传、推广有着非常积极的意义。

场景与痛点

传统电商中，由于通信协议的限制，网页与 APP 访问常常是无状态的，无法有效跟踪访客信息，商家想要收集用户资料，建立会员档案会比较困难。

而在小程序中，基于微信授权机制，可以做到很好的用户追踪。用户只需要打开小程序，即可被标识为商家的会员。在小程序中，如果用户有购买支付行为，我们还可以使用模板消息来触达会员，从而为会员提供更好的专享福利。

在小程序会员运营中,同样面临拉新、留存、拉活及裂变新会员这些挑战。特别是会员的再次激活,保持活跃度,增加会员黏性是小程序会员运营的重点。

运营招式 022——会员制

会员运营一般包括会员信息收集、首单转化、复购激励三个过程,小程序服务商应围绕这三个过程开发相应的功能点,如新人礼包派发。

1)**会员信息收集**。基于不同的业务场景,当用户首次打开小程序时,可以设置是否要收集用户的头像、昵称和手机号码等信息资料(见图6-1)。

图 6-1　小程序会员资料收集

小程序后台管理系统中会记录会员的资料数据,并可以对会员进行相应的管理,如图 6-2 所示。

图 6-2　小程序后台会员管理功能示例

2)**首单转化**。用户的首单转化是至关重要的。在传统电商行业,新客的首单转化成本已高达 200 多元。在小程序运营中,要实现首单转化,可以设计一个"新人超级优惠大礼包"(见图6-3),由系统派发,让每个新用户在首次进入小程序时自动领取。

图 6-3　小程序新人礼包界面示例

这个新人礼包的设置，大大提高了用户首单转化率。

3）**复购激励**。实现首单转化后，就可以对会员打标签，设计会员等级，派发个性化优惠券（见图6-4），或设置定时福利政策，增加会员黏性，促进会员复购。复购活动让会员更加活跃，更能让会员帮助小程序主或商家带来更多销售额。

图 6-4　小程序后台给会员派发专属优惠券示例

在特殊活动期间，例如电商节日、商品上新和周年庆等，还可以通过手机短信、公众号模板消息和小程序模板消息，重新触达用户，激活用户，促进复购。

招式价值点

通过小程序的会员运营管理，使得商家可以有像山姆会员店一样的忠实粉丝，有效提升小程序的活跃度、会员黏性、首单转化率以及复购率，并最终提升销售额。

典型案例

"美丽盒子"是广州白云山药业旗下的面膜品牌。基于小程序传播、分享与裂变能力，厂家非常看重小程序电商渠道，于 2019 年 4 月上线了「美丽盒子」小程序。

在小程序后台中，设置了用户必须授权小程序获取手机号码、头像、昵称等信息资料，才可以进入（见图 6-5）。通过这个配置，小程序快速收集、建立了会员档案，为后续运营转化打下了良好基础。

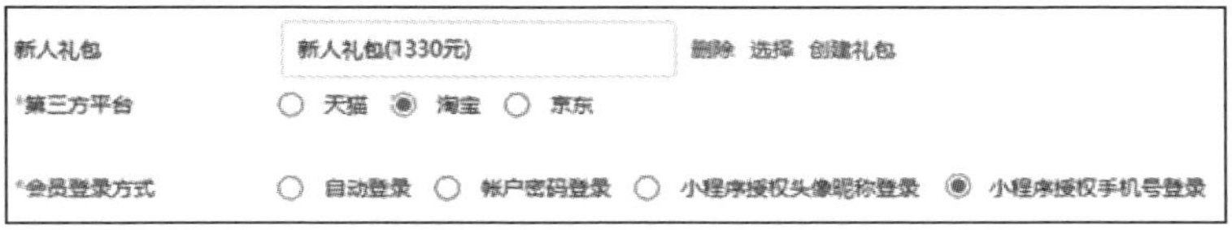

图 6-5　小程序后台配置用户授权示例

另外，「美丽盒子」设计了新人礼包，即会员首次进入小程序时，会自动获得一张体验券，让会员可以按极优惠的价格（11.11 元）购买一盒 5 片装面膜（包邮）。

用户完成首单购买后，小程序系统会在多个页面的广告位中给用户推荐价值 199 元的会员权益卡，包括在商品寄送包裹上推荐。用户购买权益卡，就可以享受会员定期的特惠权益，即每周都有 1 次机会享受按 9.9 元的价格购买一盒 5 片装面膜的福利。

这个福利还会通过小程序模板消息通知会员。由于权益卡商品的性价比高，这个福利有效提高了小程序活跃度，产生了非常好的会员黏性。

图 6-6　「美丽盒子」小程序码

「美丽盒子」小程序上线后，取得了非常好的销售业绩，高峰期日订单量超过 500 单。购买权益卡的会员数量增长特别快，其中大部分是学生人群或白领人群，这部分会员社交非常活跃，有着非常好的传播效果。

使用微信扫一扫小程序码（见图 6-6），可查看本招式案例。

6.2　分销

随着智能手机的普及，微信、QQ 等社交软件的全网民覆盖，使得普通人的社交圈子范围比以往扩大了数十倍，不仅仅是数量，在地域、关系层次也大幅度提升。这些人不仅仅是消费者，更是营销者与推荐者。

微信有最丰富的社交关系链，微信小程序又有很强的分享与传播能力，这让基于微信的小程序社交电商开始兴起，个人分销也开始盛行。

场景与痛点

移动互联网的普及应用，使得人们的碎片时间得到充分利用，分销也就成为很多人利用碎片时间变现的途径。

据不完全统计，我国国内现有 3500 万个人分销商，其中多数是全职妈妈、在校大学生以及蓝领工作者。他们会利用碎片化的时间在朋友圈、微信群等渠道分销产品。

有效地利用个人分销商带货，可以成为小程序商家运营的一个方向。运营的痛点是，采用什么样的分销模型、工具可让各分销商更便捷地分享？如何即时激励个人分销商，让其持续地、更好地为商家产品与服务进行背书、营销？

运营招式 023——分销

小程序服务商为商家小程序后台开发分销功能模块。

首先，后台分销功能应支持配置分销规则（见图 6-7）。个人分销商体系的核心规则有两个：个人分销商升级规则和商品销售后的利润分配规则。这两个规则将直接影响分销的效果。

例如个人分销商升级规则，可设定为购买 X 元商品后成为个人分销商，或发展拥有 N 个粉丝成为个人分销商。

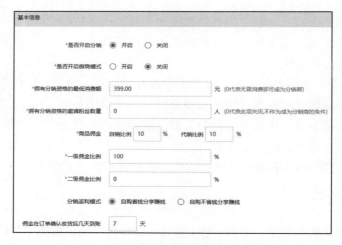

图 6-7　小程序后台分销商设置示例

依据国家法律法规和微信的运营规定，**分销体系的层级不能超过两级**。

然后，提供便捷的分享场景与工具给个人分销商。为了让个人分销商更方便地分享，小程序前端任何页面均应支持分享追踪。大多数小程序都具备生成页面海报图片的功能（见图 6-8）。同时要为个人分销商提供分享的场景与工具，如拼团、集赞、抽奖分享等场景。

图 6-8　小程序单品页提供多种海报分享功能

商家还应该建立分销商微信群，以方便商家与分销商们在微信群里交流，如为分销商们制作分享的内容，包括图片与文字，有利于提升个人分销商分享的质量与效果。

最后，要有即时反馈系统。当个人分销商分享获得粉丝（其分享发展的新小程序用户）或订单时，系统第一时间通知该个人分销商，并告知其预计收益。依据系统规则，订单签收完成后，佣金应及时汇入个人分销商账户，并发出到账通知。这样个人分销商获得即时激励，进一步激发其分享动力。

总体的分销运营体系基本架构如图 6-9 所示。在实际运营中，还可在以下场景中应用分销商运营招式：

- 实体店店主可以将店员发展成个体分销商，店员可以全天候帮店主卖货，同时获得相应佣金。
- 电商、工厂等没有实体店的公司可以将员工发展成个体分销商，员工可以全天候帮公司推销，同时获得相应的佣金。
- 在小程序系统中设置将消费者引导成为分销商，让消费者帮商家做分享，现身说法，获得佣金。

- 在小程序系统中设置将消费者引导成为分销商，消费者自己购买也可以获得返利，从而促进消费者二次购买。

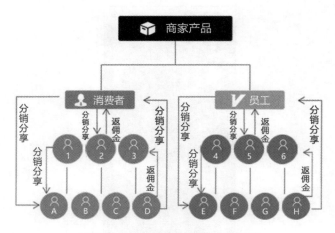

图 6-9　分销运营体系基本架构图

招式价值点

在中心化平台上，商家很难获得流量，或者获取流量的成本过高，充分激发员工和客户，让其成为个人分销商，可帮小程序商家带来流量。个人分销商理论上属于交易分成模式，在没有产生交易之前，不会有营销费用。商家利用好个人分销商渠道，可带来非常稳定的、可观的销售收入。

典型案例

「聚营量子仓」小程序应用个人分销商模式进行商品销售，取得了良好效果。

服务商为「聚营量子仓」小程序开发了分销商功能，使得商家可以进行分销商招式运营。

商家运用分销功能设置分销升级规则：用户通过小程序购买指定商品满 99 元，即可成为「聚营量子仓」小程序的个人分销商。

通过方便的分销功能，商家设置了「聚营量子仓」中的商品分销佣金比例：既可以全场统一设置，也可以有特殊单品设置。

商家设定完成后，访问「聚营量子仓」小程序的用户也就具备了分享商品进而获得佣金的能力。

在「聚营量子仓」小程序中，服务商提供的便捷分享工具，使得分销商用户可以很方便地生成带追踪码的、多种模板的、精美的商品海报。

当个人分销商用户分享「聚营量子仓」小程序的卡片或商品海报到微信群、朋友圈时，系统可以跟踪标识由该分销商用户分享而新发展的消费者用户。

当个人分销商获得新粉丝或新订单时，「聚营量子仓」小程序会即时通知个人分销商。

使用微信扫一扫小程序码（见图6-10），可查看本招式案例。

图6-10 「聚营量子仓」小程序码

6.3 代销

随着电商的发展，传统的"进货－订单－发货"模式需要耗费时间和人力，同时也要承担过季商品积压的风险，因此一些代销平台开始流行。

代销的核心是供应链的共享和销售渠道端的异业联盟。代销商家无须自己出门进货，甚至不用自己发货，只需负责宣传运营，将订单信息提交给供货商即可。这种模式有其独特的优势，受到不少渠道商家和品牌供货商家、企业的重视。

场景与痛点

当今社会，虽然信息流转迅速，生产力强劲，社会总体商品丰富，但竞争激烈。社会化分工越来越专业，越来越细，隔行如隔山，有些商品又存在时效及地域覆盖问题。每个企业能提供的商品品类相对有限，但客户需求又十分广泛。这就产生了代销的需求。

代销的逻辑实际上包含两种角色，一种是供货商角色，一种是渠道销售角色。特殊情况下，某个小程序商家有可能同时具有两个角色。

代销需求场景的主要痛点有：

- 有商品生产能力的工厂建立实体分销体系比较困难，成本较高。
- 有流量的公众号或企业缺少好的商品或服务。
- 社交电商群体崛起，更是难以寻找好的货源。
- 如何建立供货商与渠道商的互信，以及处理资金结算问题。
- 供货商与渠道商之间的信息共享与营销活动同步的问题。

运营招式024——代销

有能力的小程序服务商可以开发一个代销管理平台，分别用小程序前后台来对接供货商和销售渠道商，实现商品共享、智能选货、自动分账和营销活动共享等功能。

1）**商品共享**。是指供货商家是否开启商品代销模式。开启代销，其他渠道的商家可在代销平台的商品池中展示和可见。基于供货商家对商品的控价能力，有两种代销结算形式：比例和供货价格（见图6-11）。

图6-11　代销佣金结算设置示例

- 按比例结算形式常用于供货商家全渠道控价的情况，渠道商不允许改价，渠道商所得的利润根据供货商家的标准价格乘以代销佣金比例得出。
- 按供货价格结算形式常用于中小供货商家，渠道商可以按其营销资源与能力自主给代销商品定价。渠道商的利润等于自主定价减去供货价。

2）**智能选货**。是指渠道商家可在代销平台的商品池中，依据价格、佣金比例、利润、销量进行单品选货或整店代销选货（见图6-12）。

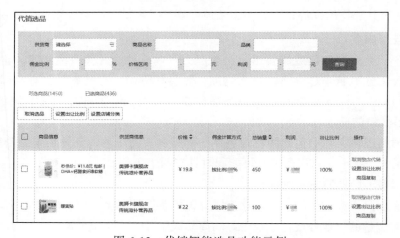

图6-12　代销智能选品功能示例

3）**自动分账**。当代销渠道端产生订单后，系统需要做自动分账处理。分账处理可利用微信官方的分账功能逻辑进行。因基于微信支付担保体系，商家之间可以完全互信。当订单还没有完成之前，微信支付会做资金冻结；当订单完结后，微信支付会依据分账比例，自动分账到小程序对应的微信支付商户账号中。

4）**营销活动同步**。在代销平台上，供货商的商品详情页信息与促销活动，会同步到渠道商家的小程序页面。比如商品的秒杀、拼团、满减等活动状态。

在完善代销管理平台的基础上，就可以应用以下方式进行代销运营：

- 品牌商或工厂可以通过企业代销方式发展自己的线上销售体系。
- 有流量的公众号或企业,可以在平台上快速组合出一个小程序商城,做到流量转化。
- 微商团体可以在平台上快速组合一个小程序商城,然后在商城中再发展做二级分销的业务,实现平台自主化。

招式价值点

企业代销是异业联盟的有效方式,可以帮助品牌主及厂家快速建立分销体系,让术业有专攻,提升商家间的协作效率。

典型案例

「UP第一潮牌」通过将自有的供应链资源共享到小程序代销平台上,同时选择了小程序代销平台上的其他商品,快速组建了一个品类齐全的小程序商城。

UP第一潮牌是一家服饰公司,具有较完善的销售渠道,但该企业的产品比较单一,初上线小程序时商品丰富度不够,消费者的需求常常得不到满足,给运营造成困难,也造成了其优质运营渠道资源的浪费。

通过补齐企业代销能力,丰富了「UP第一潮牌」小程序商品的品类,销售渠道能力得以释放,快速提升了销售额,同时,也将自己的商品资源共享出去,获得了不少其他小程序代销渠道的订单。

使用微信扫一扫小程序码(见图6-13),可查看本招式案例。

图6-13 「UP第一潮牌」小程序码

6.4 文化与资讯

人们对于文化与资讯创作、分享具有天然的渴望,同时对信息、资讯的获取追求是无止境的。随着劳动自动化程度提高及人工智能的应用,人们的闲暇时间越来越多,而智能手机的普及移动互联网渗透发展,又使得人们的时间更加碎片化,对于文化与资讯的需求快速增长。

场景与痛点

文化是相对于经济、政治而言的人类全部精神活动及其产品,是非常广泛的和具有人文意味的概念。文化是人类社会特有的现象,它是由人创造、为人所特有的。文化在一定程度上体现人类的社会文明、思想水平、创作高度及历史沉淀。文化作为一种精神力量,能够在人们认识世界、改造世界的过程中转化为物质力量，对社会发展产生深刻的影响。

资讯是消费者因为及时的获得它并利用它而能够在相对短的时间内给自己带来价值的信息。资讯有时效性和地域性，它必须被消费、被利用。资讯也包括最新的热点事件与新闻信息。因此，资讯的流转速度、对等透明程度、准确性等决定其价值高低，也是经济活动制胜的关键。

鉴于人们对文化与资讯的渴望与追求，如何防止垃圾资讯、虚假信息，保证良好文化的沉淀、传播、传承与延续，优化资讯的准确度、传播与流转速度就非常重要。而这一方面，通过小程序运营文化与资讯具有相当的优势。

互联网具有的平等与协作的特性，本身就对文化与资讯具有自动纠偏、自我净化的能力。而小程序的注册主体是法人，微信团队对小程序设有投诉、审核、处罚机制，这使得小程序上的文化与资讯内容具有相对公正性、准确性。

通过文化也可以更好地塑造品牌。借助小程序挖掘、展示特定的相关文化，如黑茶的来源、历史、功效，进行品牌塑造，这突显了小程序的价值。

热点资讯与新闻事件一般比较零散，有时需要专门的 APP 或者入口，不是很方便。而借助小程序发布热点资讯与新闻事件，可以及时地对感兴趣的用户发送小程序资讯页面。用户对于资讯类的小程序，更易接受并点击访问。如通过小程序展示白沙溪黑茶 80 周年庆，喜爱黑茶的朋友可以更客观、更全面地理解白沙溪的产品、历史，了解活动优惠。

另外，可以在小程序中发布一些精心设计与制作的产品图集、元素，塑造商家品牌。

运营招式 025——资讯管理

开发小程序"资讯管理"前后台功能模块。

1）通过该模块，在后台可以直接链接同公众号的微信文章，或者发布小程序自定义的资讯文章。

直接链入公众号里的微信文章示例如图 6-14 所示。

发布自定义的资讯文章示例如图 6-15 所示。

2）在小程序客户端开发配置"资讯"菜单页，读取后台资讯文章列表及详情内容，供用户查看最新资讯与过往历史资讯。小程序用户可以分享任何一个资讯页内容。

图 6-14　资讯管理后台发布公众号文章功能示例

图 6-15　资讯管理后台发布自定义文章功能示例

在资讯文章详情展示页面，还提供"微信好友/群"的转发功能及生成可供朋友圈发布的文章内容图片的功能（见图 6-16）。

招式价值点

使用小程序来展示商家相关的文化与发布资讯，可以满足用户需求，提升小程序的影响力，有助于传播小程序，获得用户及塑造商家品牌。

图 6-16　资讯管理前端显示资讯文章及分享功能示例

典型案例

「白沙溪茶厂」小程序设置"品牌"资讯页,用于发布黑茶文化、官方新闻公告及热门事件等内容(见图 6-17)。

图 6-17　「白沙溪茶厂」小程序品牌资讯页示例

「白沙溪茶厂」小程序的品牌资讯页，通过一些生动的故事与案例、优惠及活动的介绍、历史渊源等资讯，很好地宣传了黑茶文化，帮助用户认识了白沙溪品牌，也有力地辅助用户做出购买决策。

使用微信扫一扫小程序码（见图 6-18），可查看本招式案例。

图 6-18 「白沙溪茶厂」小程序码

6.5 实用工具

工具在人们的生产活动中起到非常重要的作用。事实上，人类对工具的追求从未停止，特别是实用、好用的工具。

场景与痛点

人们对于重大自然现象、热点新闻、对自己有影响的事件往往都有好奇心，都希望及时了解。

比如南方夏季时经常会有台风天气，对于台风的实时路径人们就很关心。然而，查看台风路径往往需要专门的 APP 或者网站入口，随时随地查看很不方便，这时候查看台风路径的小工具就很实用。同时，我们在群里分享传播自己的小程序时，只发小程序链接往往是令人抗拒的，也可能被认为是恶意营销，导致被群主警告或踢出。

如果将查看台风路径的功能纳入小程序中，在有这种天气时，发送小程序链接到群里面，就可以很好地满足大家实时查看台风路径的需求，顺便也发展了新用户（拉新），激活老用户（保活）。

运营招式 026——配置实用小工具

尝试在小程序中内置一些常用的、简单的场景实用小工具，如台风路径查看、汇率查询、行业指数、新个税专项附加扣除等。当有相应的热点事件发生，或者大家有相应关注的服务需求时，便可在群里发送小程序工具页链接，从而实现有效的用户拉新、用户保活及小程序扩散传播。

开发人员只需要在小程序中增加工具目录（如百宝箱），放置各个小工具页面，提供相应的能力即可实现。示例如图 6-19 所示。

招式价值点

实用工具可辅助实现小程序的用户保活、拉新及传播扩散。

典型案例

小程序「智零电铺」通过适时推出实用百宝工具箱，短时间获得了大量微信用户的关注与使用，同时，也有很多用户自发地帮助转发传播。

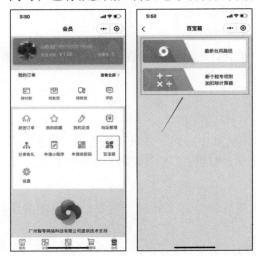

图 6-19　小程序中开发实用工具示例

2019 年 8 月，强台风"利奇马"来袭，面对"利奇马"，人们严阵以待，防范台风（见图 6-20）。这个时候，被强烈建议留在室内的居民迫切需要了解台风的路径与动向。

图 6-20　台风天"米字胶贴"防窗玻璃破碎

智零网络团队适时在「智零电铺」小程序中发布了查看台风路径的功能页面（见图 6-21）。

通过在微信群里扩散传播，短短一天时间，「智零电铺」小程序获得了将近 20 000 个新用户。

图 6-21　小程序实用工具"台风路径查看"界面及运营传播示例

2018 年 10 月，国家明确提高个税起征点的同时，决定从 2019 年 1 月 1 日起，对应纳税收入实施进行子女教育、继续教育、大病医疗、普通住房贷款利息、住房租金、赡养老人支出六项的专项附加扣除。智零网络团队即时在「智零电铺」小程序中发布了"新个税专项附加扣除计算器"功能页面。同样，这个工具拉新效果也非常明显，发布 1 个小时内，获得了超过 600 个新用户（见图 6-22）。

图 6-22　"新个税专项附加扣除计算器"工具小程序运营效果

可见在小程序中，集成一些实用工具页面，有助于覆盖一些热点场景，增加小程序的拉新、留存与保活。

第 7 章 Chapter 7

微信生态联合运营

微信生态九大场景，小程序都参与其中（见图 7-1）。这使得我们可以以小程序为中心，形成微信生态一站式运营。

图 7-1　微信生态的九大场景

其中，微信搜索场景的小程序着陆率达到 70%，而微信支付，除在小程序实现了交易闭环外，在支付凭证跳转、社交立减金、面对面流量、品牌馆、刷脸支付、扫描服务码等场景下，运营手法丰富。

7.1　公众号联动

我们常说的公众号，一般指的是微信公众平台上的"服务号"与"订阅号"。微信公众号于 2012 年 8 月 23 日正式上线，口号是"再小的个体，也有自己的品牌"。作为微信针对个人或企业用户推出的合作推广服务，公众号用途非常广泛，政府、媒体、企业、个人等都开始纷纷开通公众号，进行发声、创作、宣传或营销。公众号已成为最重要的自媒体。

公众号无法主动添加好友，只能被用户关注（用户关注后，即成为公众号的粉丝）。通过微信搜索、扫描公众号二维码以及点击公众号文章中标题下的公众号名称，即可进行关注。添加关注成为粉丝后，关注的用户即可接收微信公众号发送的消息，并与之互动。

截至 2019 年 8 月 26 日，微信公众平台已经汇聚超过 2000 万公众账号，通过公众号发布的文章每天的访问总量超过 30 亿次。不少作者通过原创文章和原创视频形成了自己的品牌，成为微信里的创业者。

场景与痛点

微信中是先有公众号（服务号与订阅号），再有小程序。而且经过前期的经营与沉淀，有些公众号已积累不少用户。如何利用好公众号的能力与积累，转化为小程序的流量与用户，提高小程序日活，是不可忽视的重要方面。

公众号中粉丝用户的转化链条比较长，之前除广告外，缺乏有效的变现手段，而 H5 商城的体验又不佳。有了小程序之后，体验提升，变现路径更短。

另外一些商家，则是有了小程序，就忽略了公众号的运营。事实上，小程序面向产品与服务，公众号则服务于营销与信息传递。因此，两者结合，可以形成良好的联动，发挥出最大的推广转化效果。

运营招式 027——公众号与小程序联动

公众号与小程序的联动运营是个闭环，既可以将公众号流量转化到小程序中，提高小程序活跃度，同时小程序获取的线下流量又反哺到公众号中。

联动运营主要有以下几种方式：

1）公众号绑定相关小程序时，可选择给用户下发通知。

商家小程序上线后，可以进入微信公众平台进行公众号关联小程序的操作（见图 7-2）：登录公众号后台，进入【小程序管理菜单】，点击"添加"，关联对应小程序。关联成功后，默认情况下都会自动选中"关联后展示在公众号资料页"和"关联后给已关注公众号的用户发送通知"复选框，成功后公众号会自动推送小程序关联通知给公众号用户如"××公众号绑定了×××小程序"，用户点击消息就可以打开小程序（此消息并不占用原有群发条数），同时在公众号资料中也可以看到小程序信息。

注意：一定要在小程序上线后再进行公众号关联操作，否则不会推送消息。

图 7-2　公众号关联小程序操作

2）商家可在公众号自定义菜单中增加小程序入口。

商家登录公众号后台，开启"自定义菜单"后，可将自己关联的小程序配置放在自定义菜单中，用户点击菜单项即可直接跳到对应的小程序（见图7-3）。

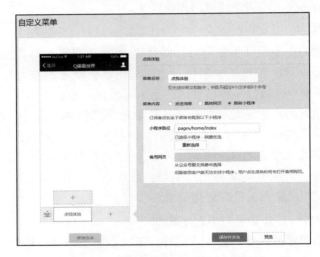

图 7-3　配置公众号自定义菜单操作

配置成功后的公众号界面如图7-4所示。

对于商家而言，应该尽可能多地让公众号关联小程序（一个公众号可以关联多达50个小程序）。别人的公众号也可以跳转到自家的小程序，当然前提是要让对方的公众号关联商家的小程序。

3）在公众号文章中推送小程序。

在公众号文章中，可以通过文字、图片、小程序卡片（产品页卡片、领红包、秒杀、拼团、集赞、一口价、充值、签到等）三种方式，打开该公众号关联的小程序。

操作方法是在微信公众号图文素材编辑页面，在右侧插入小程序即可。

在公众号文章中插入小程序卡片的效果如图7-5所示。

图 7-4　公众号菜单链接小程序界面示例

图 7-5　在公众号文章中嵌入小程序卡片示例

4）用小程序支付后关注公众号。

用户通过小程序完成支付后,页面的下方会提示关注公众号,引导线下流量到线上公众号。操作方式是在小程序后台的"支付设置"里,点击"支付后关注"下的"设置",然后跳转到微信支付商户平台中设置公众号 AppID(在支付商户平台中找"营销中心"–"支付后配置",而微信公众号 AppID 可在微信公众平台"开发"-"基本配置"中获取），示例如图 7-6 所示。

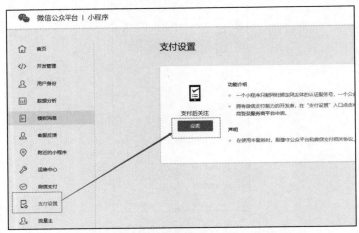

图 7-6　配置小程序支付后关注公众号

配置好以后，用户在小程序中完成支付就会推荐关注公众号。

招式价值点

继续维护与运用好公众号，通过联动运营闭环（见图 7-7），将公众号流量转入小程序，提升小程序活跃度，同时通过小程序可获取线下流量，并反哺到公众号中。

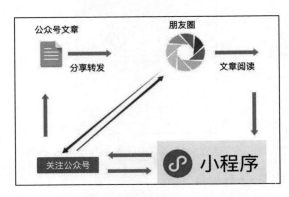

图 7-7　公众号与小程序联动运营闭环示意

典型案例

公众号"黎贝卡的异想世界"深谙公众号与小程序联合运营的奥秘，在广告、电商、分享与社群经济方面，成功地实现了卓有成效的探索。

"黎贝卡的异想世界"是一个时尚公众号，创立于 2014 年 10 月底，目前粉丝数量超过 80 万（见图 7-8）。

该公众号凭借独具个性的时尚解读以及文字风格，将看似高冷的时尚内容变得平易近人，帮助粉丝了解时尚、走近时尚，让生活更有格调。

图 7-8　黎贝卡的异想世界官方公众号

该公众号的工作室目前只有三位全职员工，一位负责内容编辑，另外两位主要负责商务对接。在去中心化的新媒体时代，黎贝卡的异想世界凭借"内容＋连接"两方面的强大能力，连接用户，也连接商品与服务，在传播渠道和收益方面做到了最大化，仅广告收入及其关联的小程序电商收入就非常可观。

黎贝卡一直坚持"内容为王"，用"分享"的态度，总结自己真实的爱美心得与购物经验，打造出"叫醒你的衣柜""好物清单""'包'治百病"等备受追捧的多个时尚专栏。基本上每篇推文的阅读量，都超过了 10 万。通过推文中的小程序链接、小程序卡名或公众号菜单，让小程序始终保持较高的用户活跃度，实现流量的转化与变现。

通过公众号引流到小程序，效果是非常明显的。据某一时尚购物发布的数据，通过微信公众号引流到微信小程序，两个月内的营销数据变化如下：

- 用户到店率提升 4 倍。
- 活跃用户增长了 50%。
- 连续每个月销售业绩增长 10%～15%。

其他类似的公众号与小程序联动的成功案例有"兽楼处""槽边往事""小道消息"等，有兴趣的读者可以参考。

使用微信扫一扫小程序码（见图 7-9），可查看本招式案例。

图 7-9　「黎贝卡 Official」小程序码

7.2 群及 KOL

微信群是微信里面非常重要的一个功能，用于多人互动聊天。据统计分析，微信消息中超过 90% 是群消息。微信群支持发送文字、图片、语音、视频及各类文件，支持多人通话，便于互动，得到了广泛应用。

在第 4 章介绍流量运营时，我们已经谈到 KOL 是具备高势能的人群，可对群体产生较大的影响。微信群与 KOL 是"天作之合"，因此优质的微信群里，一定会有 KOL 存在，微信群的良好运营，也一定离不开 KOL。

微信群的建立，本身就具备了一定的信任基础，尤其是社区群、妈妈群以及同学、老乡、兴趣爱好群等。这些微信群群主或社区领头人就是 KOL。

因此，在社交化营销兴起与发展的今天，品牌主与商家越来越重视群与 KOL 的运营。"种草与带货""社区团购"便是群与 KOL 运营的常见方式。

场景与痛点

"种草"是当今流行的网络用语，常指"分享推荐某一商品的优秀品质，以激发他人购买欲望"的行为，或自己根据外界信息，对某事物产生体验或拥有的欲望的过程。此词最早流行于各类大小美妆论坛与社区，后大量扩散到微博、微信等社交媒体平台，现泛指"把一样事物推荐给另一个人，让另一个人喜欢这样事物"的过程。

KOL 在微信群里"种草"，核心要点是建立"中立"感，降低明显的销售导向，以防用户反感。同时，也需要持续的运营，甚至要安插"托"提供正面的反馈，保持热度。

在没有小程序之前，微信群中往往是"种草"容易，"带货"则相对较难，至少是不那么直接。

社区团购的模式也并不复杂。一般是"团长"负责自己居住的小区，通过微信群向用户推荐商品。团购平台负责源头集采集配，省略所有中间环节成本，直接配送到小区。

但社区团购往往存在较多痛点，表现在：

- **效率低下**。"团长"需要在群里一一介绍产品，一一对接顾客，收款、发货、售后等环节全是问题，造成服务效率低下、品类单一，无法实现整体规模化。
- **存在算错账、发错单、漏单等问题**。团购平台每天将要卖的产品推送给"团长"，"团长"再根据用户实际情况售卖。所以用户每一次购买都要在微信群里告诉"团长"买什么,买多少,"团长"负责统计、结算发单、提供售后,但因此也经常会出现算错账、发错单、漏单等问题。

- **无法有效备货**。假定今天准备了 3000 份产品,没有全部卖掉不是困难,困难的是团长一共报来了 5000 份订单,这时候团队没有办法满足客户,会造成大量投诉。

运营招式 028——微信群与 KOL 结合

微信群与 KOL 结合的运营改善与效益提升,源自小程序的诞生。

KOL 可利用自身影响力,在微信群里分享小程序。小程序具有方便分享与传播的特性,KOL 在微信群内"种草",更容易产生互动与引流。同时,由于小程序中可以实现商品交易的闭环,直接促成"种草"变现、带货(见图 7-10)。

图 7-10 微信群"种草"产生购买转化示例

开发社区团购小程序(前后台),由社区团长进行微信群运营。通过小程序应用,社区团购成为一种重要的商业模式。有了小程序,社区团购平台可以流程标准化,采购、宣传、购买、配送、售后等全链条的效率和成本得到极大提升。加上整体环境因素,社区团购很可能实现滚雪球式的增长,最终由松散的小生意升级为一个大商机。

招式价值点

熟人经济的背后支撑是信任，信任关系也会带来高转化与高复购。小程序的分享和下单流程远比 APP 与 H5 简单，更易推广与传播。

在微信群里，由 KOL 使用小程序进行"种草"与"带货"，可以很好地发挥小程序运营价值。特别是社区群，社区"团长"与小区住户快速建立连接和互动，利用特定场景下的熟人关系来提供实惠、便利、到家的社区团购服务。

典型案例

社区团购通过「你我您社区购」小程序，实现了 GMV 大幅增长及高复购率。

2018 年 1 月份，"你我您"上线小程序（见图 7-11），这是社区团购行业中第一个上线小程序的公司。小程序上线后，很快就带来了整体运营效率上的提升，"团长"端和用户端的体验都非常好。用户可以直接到小程序下单，效率得到极大提升。

图 7-11 「你我您社区购」小程序界面

通过小程序，团队还能触达真实用户。比如，以前团队只知道某小区卖了 500 份苹果，谁买了却不知道，现在则完全不同，这样就可以及时、精准地选品和推送。

在提升转化、复购率时，营销是 0，优质的商品和服务是 1，没有 1，这件事情就不成立。

商业的本质是要做好商品，而且社区购做的又是熟人营销，商品服务如果不好，很容易一传十、十传百，这样整个小区的资源就都丢掉了。反过来社区购服务与体验做得越好，用户也自然愿意喊亲朋好友、邻居来下单。

在给用户提供超预期的体验上，"你我您"团队总结出一些经验：

- **自建仓储**。这样实现了"产地源头–城市仓–终端小区"三级流转形式，实现商品的次日达。不能小看这一点，这对于生鲜水果类商品来说特别重要，因为它保证了新鲜度，让用户能够吃到真正新鲜的水果。
- **源头直采**。所有产品都是从源头直采，建立多环节品控。单单针对水果，"你我您"就有几十个采购人员常年在全国各个农产品基地优选品控。除了水果以外，还与联合利华、立白等知名品牌达成战略合作，从源头集采后直供，直接砍掉所有中间商，中间没有任何差价。这样用户就可以通过一个较低的价格买到真正的好产品，这就是一种超预期。
- **敢退敢赔**。在最后一环，只要用户对商品不满意，就可以直接向"团长"反馈，"团长"先行赔付，再向平台反馈，这样用户的体验非常好。

在小程序运营手法上，"你我您"团队对于以下两点印象深刻：

1) "造节"营销，转化率高达36%以上。

"你我您"团队从2018年10月开始，通过"造节"营销方式提高留存，同时还会搭配拼单成团、群接龙、裂变海报、鼓励金等方式促进转化。

这些营销方式传统电商也都有运用，但熟人之间的转发带来的转化效果会更好。在社区团购模式中，"团长"与用户、用户与用户之间的社交联系更加紧密，现在「你我您社区购」的活动转化率可以达到36%。可以说，高留存得益于在熟人经济下的精细化运营。

2) 高频生鲜导流，全品类扩展。

跟其他电商平台不一样的是，"你我您"团队在小程序中用高频的生鲜品类来实现导流。因为生鲜品类是每个家庭每个月都会购买的产品，根据用户调查数据，一个家庭平均购买水果的频次基本上每周可以达到2次。通过高频生鲜品类导流，效果很明显，现在「你我您社区购」的复购率已上升到每月8次以上。

在这个基础上，2018年「你我您社区购」小程序还开展全品类拓展。过去用户只能在小程序平台上买到水果，客单价在20元左右，现在拓展到了肉蛋禽米面粮油奶制品家庭百货等，都可以购买，满足了用户多样化需求，平均客单价也提到了每人每次50元。

"你我您"作为社区团队的最早玩家之一，在2018年10月时月GMV刚刚过亿。6 个月后，其月 GMV 突破了 3 个亿，同比增长已经达到 89.45%，环比增长 228.24%。不仅如此，一般传统电商平均月复购率大概在 15%～20%，30 日留存在 5%～8%，目前「你我您社区购」的这两项数据已经达到了 83% 和 67%。

「你我您社区购」现在已实现覆盖 30 个城市，日订单量 30 万，通过小程序、团长与微信群运营，获客成本几乎为零。

图 7-12 「你我您社区购」小程序二维码

使用微信扫一扫小程序码（见图 7-12），可查看本招式案例。

7.3 朋友圈

在彰显个性，注重去中心化的环境下，人人都可以是营销员，人人也可以是品牌大使。我们在 4.5 节已经提到过，用户的朋友圈是一个非常好的小程序宣传推广媒介。

场景与痛点

朋友圈是一个非常的好阵地，用户在朋友圈发布的有独特见解的思考、洞察及看法，可以给好友带来启发及深刻的影响。

在微信朋友圈中推广小程序不能强推硬推，发布的内容需要尽可能与人设一致，对好友有帮助（或受益或受启发），或者能够引起部分好友的关注，也不能过多的、重复发送而致人反感。

朋友圈的小程序运营，是通过文字、图片或链接等形式在朋友圈发布小程序入口信息，促使微信好友打开小程序，使用小程序，从而达到小程序用户的拉新、保活或提高营销业绩等目的。这里面临几个关键的挑战：

- 首先推广的应该是好产品、好服务。
- 其次展现形式需要有好的、精美的图片，还要有好的创意。朋友圈最多可以放置 9 张图片，不宜重复发送。
- 需要有方便的、快速的、自动生成精美图片的工具。

运营招式 029——朋友圈分享

在 4.5 节，我们提到了几种朋友圈运营常用的方法。对于朋友圈的小程序运营，其中最重要的一个方法是为小程序赋予一种功能，可配置使用多个模板，为分享商品或服务助力，即依据模板，可快速自动生成用于朋友圈分享的 1～9 张精美图片，图片上带有小程序码。

我们来看一下如何在小程序中提供这个功能：

首先在小程序的任何一个页面，都提供一个"分享"功能（见图 7-13）。

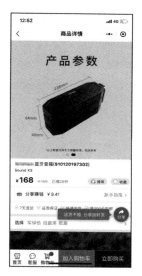

图 7-13　小程序页面的"分享"功能

然后，点击"分享"按钮，选择"分享海报"（见图 7-14）。

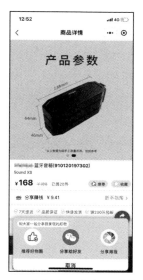

图 7-14　小程序"分享"功能示例

在生成供朋友圈使用的"分享海报"前，可以配置所要生成的图片上的内容，如是否显示价格、显示小程序的二维码样式（见图7-15）。

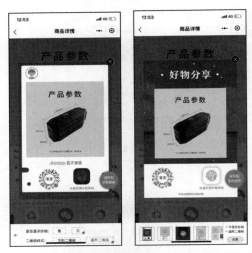

图 7-15　系统可按模板生成多种朋友圈分享海报

图7-15中，在小程序中实现了8个自成生成图片的模板，可以生成1～9张单张或9张合成1张的、带小程序码的精美图形。

然后将自动生成的精美页面图形保存到手机相册，以供用户选择并发布到朋友圈。

最后，用户选取保存在手机相册中的生成图片，在朋友圈发布。

发布朋友圈后，如果关注的好友看到这个朋友圈消息并且感兴趣，可以长按图片，直接进入该图片关联的小程序中浏览或购买商品、服务。

招式价值点

小程序提供朋友圈分享图片的功能，非常便于微信用户、企业员工或微商进行产品或服务的宣传推广，实现小程序用户的获取、保活及促进营销转化。

典型案例

「锦萱优选」小程序通过运营人员的个人微信朋友圈，进行中秋礼品海报分享，实现了小程序用户的快速增长及满意的营销转化。

距2019年中秋节（9月13日）还有3周时，「锦萱优选」运营团队策划了个人微信的朋友圈海报分享活动，主推中秋礼盒套餐及新品，并配套上线优惠特价活动，吸引微信好友中企事业单位及个人客户关注，满足客户的各类消费需求。

锦萱团队成员在朋友圈的联合运营，主要做了以下两点：
- 使用小程序分享海报，突出高性价比的单品（见图7-16）。

图7-16　朋友圈进行海报分享示例

- 设计与制作了重点产品的长图，嵌入小程序码，突出了新品与节日优惠，并将该长图分享到朋友圈（见图7-17）。

图7-17　在朋友圈进行长图分享示例

经过大约一周的运营，后台数据显示，「锦萱优选」小程序新用户增加约 5000 人，带来营销转化数十万元。

使用微信扫一扫小程序码（见图 7-18），可查看本招式案例。

7.4 好物圈

独乐乐不如众乐乐，好的东西，每个人都会忍不住想"安利"①给全世界。

微信好物圈，刚好可以实现。

场景与痛点

"好物圈"是微信新推出的基于社交关系的好物推荐"圈子"，供用户分享喜欢的商品、书籍影音、景点等。

好物圈，不只能分享，还能聊起来（见图 7-19）。

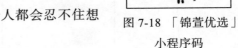

图 7-18 「锦萱优选」小程序码

图 7-19 好物圈评论互动示例

好物圈是微信的一个插件功能，用户使用前需要在微信中打开好物圈入口：

1）从微信进入"发现–搜一搜"，搜索"好物圈"。

2）点击"设置如物圈"–"添加"。

---

① "安利"为网络语，为强烈推荐的意思。

此后，再进入"发现 – 搜一搜"时，即可看到好物圈入口（见图 7-20）。

图 7-20　好物圈入口

启用好物圈后，用户可在具备此功能的第三方小程序中将已购的物品信息以接口形式接入好物圈，好物圈系统会根据导入的信息向用户 / 朋友展示已购物品信息。

通过使用好物圈，用户还可以创建、加入圈子，在圈子中发布信息，展示与评价物品，浏览与评价好友展示的物品信息并与圈子内的好友进行互动（见图 7-21）。

图 7-21　好物圈主界面示例

现在，不少开发者接入后，用户在"圈"内可以推荐、讨论他们的好物。那么，如何让自己的"好物"也能被用户推荐到"圈内"？

微信正式开放**好物推荐接口能力**，它可以让用户帮你在社交圈分享好物。

运营招式030——搜一搜 + 好物圈

通过小程序将商品推送到微信的商品库，让用户可以通过微信的搜一搜和好物圈的搜索物品功能进行曝光。

可以充分利用"大家买过""朋友推荐""创建圈组""统一订单"和"统一收藏"功能实现交易转化。

- 利用"大家买过"展示，要求小程序服务商打通交易接口，在用户下单后自动同步到微信中来，一方面可以方便用户找回订单，另一方面可以让顾客的朋友看到购买记录，从而形成口碑效应，获得销量。
- 利用"朋友推荐"展示，要求小程序服务商开放推荐接口，在单品页中可以推荐商品，并实现跟踪和粉丝自动关联，吸引粉丝，分享赚钱。
- "创建圈组"将潜在客户放在圈内进行营销，由于可以直接点击购买，相当于将小程序分享到了朋友圈。然而这种分享没有在微信群分享直接，但这样不会打扰到客户，当客户主动点击时可能转化率更高。另外，可建立官方圈组，定期在圈组中发布好物照片，这里要注意好物照片最好能带小程序码跟踪码或直接从商品库选择，这样有利于简化购物路径。
- 要求小程序服务商开通"统一收藏"功能，可在小程序单品页被收藏的同时同步到微信好物圈的收藏（见图7-22）。

图7-22 好物圈的收藏功能示例

服务商或小程序开发者可以为商家申请好物圈接口能力，具体接入流程可查看《好物圈开发文档》，网址为 https://wsad.weixin.qq.com/wsad/zh_CN/htmledition/order/html/index.html。

目前，符合下列条件的小程序可以申请好物圈：
- 小程序已开通微信支付功能
- 小程序不属于金融、游戏、医疗等类目。

招式价值点

小程序接入好物圈接口能力后，无论是商家还是微商运营者，都多了一个重要的营销渠道：
- 可以使商品有更多曝光机会。好物推荐按钮可以在订单列表、物品详情页等多个场景下放置，方便用户随时将好物分享到"圈内"（见图 7-23）。
- 让用户为好物"代言"。用户的口碑最有用，用户可一键将好物分享到好物圈，还可写一段推荐语，并推荐给指定好友。

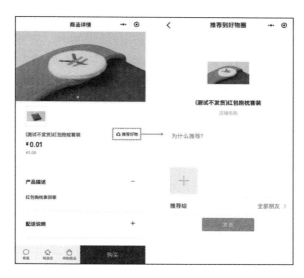

图 7-23　通过小程序将商品发布到好物圈

典型案例

「锦萱优选」接入好物圈，增加了高品质、时尚礼品的曝光，提高了品牌影响力。

在「锦萱优选」小程序的商品详情页，就有"好物圈"推荐入口，包括"好物推荐"与"好物收藏"(见图 7-24)。

图 7-24 小程序操作好物圈

当用户将"好物"推荐给某"圈子",则该圈中的好友就可以看到这个商品了(见图 7-25)。

图 7-25 朋友查看好物圈的推荐

「锦萱优选」小程序上线好物圈功能，增加了将商品曝光给用户的机会，可以让用户为好物代言并与更多的用户产生互动，用户有需要时可以直达购物页。显然，好物圈扩展了小程序的引流与运营能力。

使用微信扫一扫小程序码（见图 7-26），可查看本招式案例。

图 7-26 「锦萱优选」小程序码

7.5 微信支付

微信支付是集成在微信客户端的支付功能，用户可以通过智能手机快速完成支付流程。微信支付已全面打通 O2O 生活消费领域，通过微信支付商户平台，线下场所、公众号、小程序、PC 网站、APP、企业微信等经营场景可快速接入微信支付。

小程序是最好的 O2O 连接载体，而微信支付打通了交易的闭环，使小程序更有发挥空间。

场景与痛点

微信支付与小程序相结合，拓展了社交电商领域的想象。一种新的去中心化、社交新零售的小程序电商形态已开始在微信生态中兴起。

很多实体零售商通过小程序来获得微信流量变现的爆破点，一些电商平台也将小程序电商作为一种新的电商形态标配进行拓展。

微信还通过用小游戏增加广告商曝光率的方式来拓宽其电商渠道，让微信在电商市场中找到了流量的泄洪口。从无到有，从小游戏到电商小程序，游戏开发者和实体零售商的青睐，让微信的电商属性愈发明显，小程序也俨然成为微信在电商战场中有力的竞争神器。

而微信支付作为小程序电商最关键的一环，如何结合小程序来进行运营，包括引流、留存、转化、拉活、复购等，值得大家思考。要知道，截至 2017 年 12 月，微信支付绑卡用户已超过 8 亿，已与近 400 家银行进行合作，并拥有超过 3 万家服务商。每天通过微信支付达成的支付笔数高达十数亿次。

事实上，微信团队对此早有洞察，正努力通过微信支付丰富小程序电商生态。特别是对于品牌小程序商城，如雀巢、洽洽瓜子等，推出品牌流量扶持计划，提供智慧经营新思路，为小程序的引流、转化、复购提供助力，打破时空限制，实现品牌的全渠道、全场景交易的运营。

另外，微信支付还有很多场景可以给小程序商城或小程序服务赋能，例如很多共享服务（如共享单车、共享充电宝、共享雨伞等）都是用完即走的，很适合小程序，但往往需要押金，这既是共享服务的使用门槛，也是推广这类服务的阻力，因为潜在的问题比较多。这时便可使用微信支付分。

微信支付分的主要应用场景有：

- 免押租借：适用于物品租借场景，例如共享充电宝、共享雨伞、线上租赁平台等场景，用户支付分达到商户设置的分数门槛，即有机会获得免交押金的权益。
- 免押速住：适用于酒店行业，用户支付分达到商户设置的分数门槛，即有机会获得免住宿押金，免预付房费等权益。
- 先享后付：适用于需要预付费等场景，例如网约车、寄快递、电动车充电、共享按摩椅等，用户支付分达到商户设置的分数门槛，即有机会获得先享受服务，后付款的权益。
- 智慧零售：适用于无人零售机柜，用户支付分达到商户设置的分数门槛，即有机会开柜购物。

微信支付分可以帮助商家在这些共享场景中实现免押使用，既提升用户使用体验，还能扩大商家服务的使用率。

运营招式 031——智慧经营

2019 年 8 月 29 日，微信团队正式上线"品牌小程序商城"运营解决方案，同步推出微信支付智慧经营政策及发布智慧经营 2.0 产品（见图 7-27）。

图 7-27 微信支付智慧经营 2.0 能力示意

微信支付的智慧经营是指微信支付基于商户交易，给商户提供流量补贴，同时，小程序服务商帮助商户发券，基于券的核销行为奖励不同参与方流量。前期，智慧经营主要针对品牌商家进行，方便建立标杆示范作用。

通过智慧经营的产品能力，商家可以在参与智慧经营的小程序中智能发放优惠券，优惠券会在朋友圈曝光，用户领取后到店消费，使用微信支付时自动核销优惠券，可以有效满足商户拉新和复购的需求。

小程序商家需要使用微信支付智慧经营产品能力时，可以按照以下页面指引进行开通：https://pay.weixin.qq.com/static/product/product_intro.shtml?name=business。

（1）微信支付发券引流

开通后，对于品牌商家小程序商城，可按下列步骤进行微信支付发券引流：

1）品牌商家确定优惠券的形式及核销金额等，准备好相关资料，包括较详细的品牌背景介绍、品牌第三方数据、参与品牌及品牌商户号、服务商及其商户号、优惠券的形式（如无门槛20元，或者满**减**）、计划核销金额等。

2）向微信团队发起小程序流量申请。申请时除提供第1点介绍的资料外，还需要说明申请的领取流量、投放的周期、投放策略等。关于申请流量的大至推算按如下规则进行：

$$面对面领取流量 = 商户出资预计核销金额 \times 5$$

例如，商户出资代金券10万张，单张券10元，预计核销率4%，面对面领取流量=100 000×10×4%×5=200 000。

注意，如果整体的流量效果远低于预期，投放批次可能会提前中止，微信平台方收回流量。申请到的流量有效期为3个月，余额到期后也会由平台方自动收回释放。

3）微信团队（平台侧）与服务商（服务商侧）分别进行定向发券投放配置，按策略进行投放，其中，服务商侧投放配置示例如图7-28所示。

图7-28 小程序服务商侧发券配置示例

对于投放策略，常规做法是：
- 平台侧：通过品牌提供人群包定向投放。
- 服务商侧：服务商使用上传用户包+lookalike（相似人群扩展）。

注意：关于lookalike算法的详细介绍，可参考本书8.5.1节。

4）配置与投放策略生效，进行微信支付发券或朋友圈曝光，引流到品牌小程序商城，实现商家小程序的拉新与复购（见图7-29）。

图7-29 微信支付后发券引流示例

5）用户点击领取，即进入小程序商城中的优惠代金券落地页（见图7-30），用户可以选择"立即使用"进行商品购买，当然也可以通过"微信"–"卡包"查看优惠代金券并使用。

对于微信支付分的运营，可让我们探索更多生活场景，通过小程序为用户提供更简单便捷的生活方式。

微信支付分与"芝麻信用分"很像，它是微信综合用户的身份特质、支付行为、使用历史等情况计算得出的分值。商家可以接入微信支付分行业解决方案，接入后即可使用以下功能（见图7-31）：
- 可设置分数门槛，筛选合适的用户。
- 可获得免密代扣能力，服务结束后，进行免密扣款。
- 可获得催收能力。

图 7-30 小程序商城的优惠代金券落地页示例

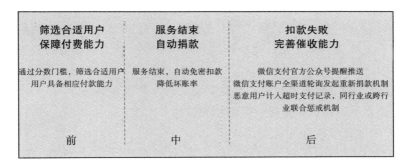

图 7-31 微信支付分能力示意

（2）微信支付分接入流程

接入流程主要分为以下 3 个步骤：申请接入、协议签署、技术对接及验收。

步骤 1：申请接入。

向 wechatpay_scoreBD@tencent.com 发送邮件接入申请，微信侧在 3～5 个工作日内进行评估并回复审核结果。申请中需要包含以下信息：

- 商户基本信息。
  - 商户名称。
  - 商户号。

- 商户类型：普通商户/普通服务商下子商户。
- 当前微信支付量级、大盘量级（日均笔数）。
- 预计接入微信支付分后量级（日均笔数）。
- 期望接入渠道：小程序/APP/H5。
- 主营业务。
- 笔单金额。
● 商户简介。
● 需要使用微信支付分的产品方案或业务场景描述。
● 商户联系方式。

步骤2：协议签署。

商户信息及业务场景审核通过后，微信侧以邮件向商户发送协议模板，之后完成协议的签署。

步骤3：技术对接及验收。

微信侧回复邮件向商户提供技术对接的资料中包括技术QA、验收标准及配置信息文档。

商户侧填写并回复邮件，微信侧根据商户填写的信息完成技术联调过程中的服务ID配置及测试名单开通。商户侧添加邮件中的对接人微信号后双方开始技术联调。

商户侧开发测试完成后开始验收及上线工作，流程如下：

1）产品方案验收，需要提供以下相关信息：
● 商户侧业务全流程的录屏。
● 商户提供APP（包括iOS和安卓）、小程序或H5的验收环境，微信侧将在验收环境内进行验收确认。

2）确认灰度时间并在约定时间灰度上线。

3）验收完成后微信侧即会完成配置，产品正式上线。

与此同时，有以下注意事项：
● 支付分服务目前仅支持直连商户及服务商子商户接入，银行子商户暂不支持接入。
● 金融、保险等金融相关行业暂不支持支付分服务接入。
● 涉及以下经营类目行业不支持微信支付分服务接入，请参考：http://kf.qq.com/faq/140225MveaUz150123raQRNN.html?pass_ticket=bjElEYaFzqCaWIHGr1fFksPi48vlPl%2B7bT%2BTZwSH3vKoHXM4N6DnM%2BRdv2zEVl3c。

微信支付分并没有独立的开通入口，必须依赖特定的消费场景（见图 7-32）。

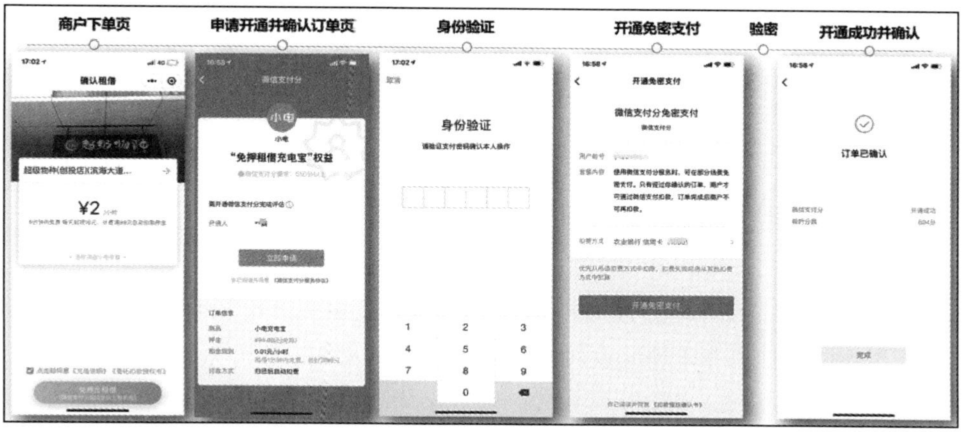

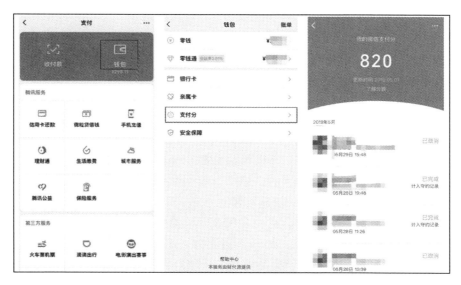

图 7-32　用户微信支付分功能开通

微信用户可以在具体应用场景中开通微信支付分。开通后，用户可以在"微信 – 钱包 – 支付分"中查看分数和使用记录（即需要在应用场景中使用过一次，"钱包"中才会出现支付分入口），如图 7-33 所示。

图 7-33　用户微信支付分查看

从产品上看,"微信支付分"的构成维度比较简单,主要由身份特质、支付行为、守约历史构成。

- 用户使用完服务,商户调用支付分接口发起扣款后,微信支付将进行免密代扣,若扣款失败,商户无须再次发起扣款申请,微信支付将按一定频次再次发起免密代扣,直到扣款成功。
- 如果超过一定时间未能扣款成功,支付分将发送催收消息给用户,提醒用户尽快完成订单支付,从而提升商户扣款的成功率。

招式价值点

微信支付除帮助小程序实现交易闭环外,还能在引流拉新、保活、促进成交转化、提升客户使用服务体验方面帮助小程序商家快速发展。

典型案例

洽洽食品与微信支付进行战略合作,使用小程序搭建服务生态,树立数字化营销领域的行业标杆。

洽洽食品是一家现代化休闲食品企业,以坚果炒货为主营业务,集自主研发、规模化生产、市场营销为一体,营销网络覆盖中国各地及海外40多个国家和地区。

根据双方规划,洽洽将依托微信生态流量能力,接入面对面、附近发券等功能为「洽洽食品」品牌小程序获得初始顾客,提高留存率。微信支付为洽洽提供"商家卡片"入驻,增加小程序电商的全新入口,减少品牌运营成本,推动洽洽食品私域流量的积累。洽洽食品基于自身品牌定位与目标消费者,可借用微信支付平台资源落地线下 IP 营销活动,同时,微信支付也将在智能收银、小程序商城、微信支付分等能力提供全方位的支持。

数据作为智慧零售不可或缺的能力,是品牌数字化改造的核心利器。微信平台将跟洽洽食品基于用户画像平台及数据模型的使用,结合过往营销案例的数据累计,对用户准确定位及分类,帮助洽洽食品在优惠推荐上进行差异化投放,促进品牌销量持续稳定的提升。同时,借用大数据和计算能力,洽洽品牌可进行精准的信息投放,挖掘潜在用户,快速获客。

微信支付与洽洽食品携手,进一步拓宽「洽洽食品」小程序的营销渠道。洽洽通过小程序多种智慧工具箱,加码营销能力。用户可基于喜好添加商家卡片,个性化购物,商家即可随时更新商品信息,让用户能够随时随地浏览、购买商品。不仅能节约品牌宣传成本,还能通过流畅和个性化的购买服务,进一步增强用户对品牌的好感度,完成潜在客流转化。

洽洽食品已走过近二十个年头，一直致力于坚果技术研发，夯实坚果加工技术，将新鲜理念贯彻到生产中的每一环节。随着互联网能力在各行业逐渐铺开，洽洽食品愿借助腾讯旗下的微信支付运营能力完成品牌经营的小程序智慧化改造，从而为消费者带来更新鲜、更健康的食品，提供更优质、更贴心的服务。

未来，除了线上小程序商城、线下超市、便利店等领域，双方还将在校园渠道、无人零售、景区、餐饮渠道、交通乘车码等领域进行更多尝试，打造基于购物场景的消费体验升级，助力洽洽食品进一步提升智慧化营销，用数据化赋能品牌价值提升。

另一个微信支付分的案例是「小电」微信支付分免押使用。

据了解，"小电充电"目前总用户量超过 8000 万，其中 95% 的用户来自小程序。微信支付分的出现，对微信用户、小程序都是一次全新旅程。

共享充电宝是一个使用相对低频的产品。为了让这部分人群也能经常登录小程序，即使不注册会员，电能（积分）商城也能留住这些用户。

用户完成不同任务，可领取不同数值的电能，换购不同商品。目前，「小电」小程序里有每日（签到、点击广告等）任务、每月（开通会员、累计签到等）任务。换购的商品包含腾讯视频、网易云音乐 VIP 会员卡、牙膏、数据线、美容仪、耳机等其他生活、电子产品。

更厉害的是，如果用户成为会员，那么用户做的每一项任务所获得的电能都比非会员多。

用商品来刺激用户打卡、办理会员是一种不错的方法，但对于低频用户来说还不够。每次租赁充电宝时，99 元的押金是道门槛。

因此，「小电」率先内测了"微信支付分"，在部分城市，用户可用微信版的"信用分"免押金租赁充电宝（见图 7-34）。「小电」运营负责人表示，内测这项功能以来，的确看到了不错的效果。

目前小程序里的每日签到、会员成长值等，已经有非常明显的社区思维，未来将每日签到变成每日签到并分享心情，也变得顺理成章。而现在的积分换购，也算是培养用户在「小电」小程序里的购物习惯。

不论是会员体系，还是积分方式，从表面上看只是为了增加用户黏性。但其实这里面蕴含了另一层意思，也就是为「小电」之后的小程序社区、小程序电商做准备。

使用微信扫一扫小程序码（见图 7-35），可查看本招式案例。

图 7-34 「小电」小程序使用微信支付分实现免押租借

图 7-35 「洽洽食品」小程序码与「小电」小程序码

7.6 微信运动

微信生态里,处处是流量掘金点。某个小小的功能,经过微信逾 11 亿的月活放大,也会变成大机会,其中「微信运动」就是一例。

细心的读者会发现,每天都有许多用户在「微信运动」中查看自己的排名(见图 7-36),顺便给其他人点赞,这几乎成为日常打卡行为。这样一个庞大的"注意力中心",显然可以产生很多有意思的运营方法。

第 7 章　微信生态联合运营

图 7-36　微信运动排行榜示例

场景与痛点

2018 年下半以来，微信生态里开始兴起了一批步数置换类小程序，帮助用户通过小程序把每天的微信运动步数免费兑换成商品，当步数不足时，还可邀请好友来凑步数。

这些步数兑换类的小程序呈现出集团式上升趋势，取得不俗的成绩：

- 「步步换」截至 2019 年 9 月初，用户数量突破了 500 万，几乎每个月都翻一倍。
- 「SPC 运动宝」总用户数突破 420 万，日活在 35 万～40 万。
- 「运动步数换购商城」7 日留存率高达 69.3%。

数据虽好看，但这种方式却存在一些核心问题：步数与商品的兑换方式及比例应该是多少？若兑换门槛太低，前期运营成本会不会过高？若门槛太高，让用户觉得兑换遥遥无期，是否会影响小程序的活跃度？商业模式如何打通？

运营招式 032——步数兑换

使用微信运动开放给小程序的接口（可以获取微信用户过去 30 天的微信运动步数），开发步数换积分/代币，或直接兑换商品等功能（见图 7-37）。

兑换步数的设定很有技巧，普通白领一般每天的步数在 3000～5000 步，所以兑换门槛一定要设在这之上，要可达到但不太容易。例如「微保」的运动奖励金，设置 1 元奖励金的兑换步数就是 8000 步（见图 7-38）。

图 7-37 「微保」"步数王者"界面

若设定一定的兑换门槛,个人难以达到,则可在此基础上,增加类似"拼团"的功能,让用户"拼步数",从而自发产生小程序传播裂变。因为拼步数这种行为与拼团购买商品不同,步数的获取无门槛,也不需要好友花钱,大多数人都愿意"慷慨解囊"。

图 7-38 「微保」"走运红包"与"步数里程换福利"界面

微信运动每天十点准时的提醒,让用户很容易记起还有小程序步数未兑换,久而久之就培养了用户使用小程序的习惯。

通过微信运动步数积累出大量的小程序用户与日活后，就可以考虑进行适当的流量变现或转化，比如限时推荐一些优惠券及后续购买分成（见图 7-39）。

图 7-39 「微保」微信运动步数变现活动示例

招式价值点

小程序可以结合微信开放接口挖掘微信生态中的流量。例如使用微信运动开放接口，可以培养用户使用小程序的习惯，快速积累小程序用户并保持用户活跃度，进而创立多种新的商业模式。

典型案例

「步步换」小程序通过微信运动步数兑换，快速积累起大量私域流量，并挖掘出多个业务金矿。

受拼多多小程序模式及微信运动小程序接口能力等多方面的影响，「步步换」将三者结合，上线后数据非常不错。

在「步步换」中，用户可以用步数或者代币直接兑换商品（见图 7-40）。

但是，用户每天的步数有限，而兑换要求动辄就是上万步，或者几百个代币，凭一己之力几乎很难达到兑换标准，这种"隐形陷阱"为小程序带来了天然的裂变基因。

在「步步换」里，用户可以将小程序转发给好友，一起"拼步数"，朋友圈的小达人拼出十几万步并非难事，而参与拼步数的好友又会成为新一轮裂变的种子用户，由此形成正向循环（见图 7-41）。

图 7-40 「步步换」商品兑换示例

图 7-41 「步步换」拼步数活动示例

由于拼步数行为中"步数"获取无门槛,也不需要好友们花钱,多数人都愿意参与助拼。加上微信运动每天十点左右的提醒,用户很容易记起来还有步数未兑换,久而久之就成了习惯。

正是这种基于小程序能力和产品形态底层的自然裂变机制,让「步步换」巧妙度过了开发者们最头疼的冷启动时期,快速引爆。

「步步换」在 2018 年 5 月中旬上线,6 月底用户数就突破了 160 万,现在累积用户已经达到了 500 万,每天自然裂变的量也在 5 万～ 6 万。

解决了最初的流量获取的问题后,下一步就是跑通「步步换」小程序的商业模式。

我们发现,「步步换」里可兑换的除了部分自营的网红爆款,还有一些特殊的商品,诸如麦当劳的优惠券、网校的试听课等,这正是「步步换」营收的重要来源之一。

"这些商品都是品牌提供给我们的,而我们为他们提供流量,再从中获得转化的返点。"「步步换」负责人如此表示。

除此之外,「步步换」里还会展示其他品牌小程序的滚动 Banner,用户点击之后跳转至品牌方小程序,从而达到引流的效果,而用户也通过点击获得了步数。比如用户缺步数换麦当劳的优惠券,就可以点击广告获取步数,然后兑换优惠券,这样就形成一种正向循环(见图 7-42)。

这对用户、品牌方和「步步换」来说是一种"三赢"的局面。

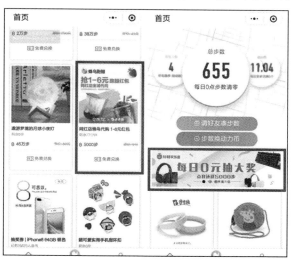

图 7-42 「步步换」流量变现活动示例

在用户、「步步换」、商家三者的关系里，用户想要免费得商品，商家想要获得流量，而「步步换」等于给用户和商家提供了一个撮合平台，再通过所设计的机制在其中抽取回报。

虽然在前期会有一定的吸引流量、培育品牌的运营成本，但可以预见，未来如果引来大批的品牌商入驻，供应端的成本问题就可以转嫁给品牌方，而「步步换」只要专注于通过更多的玩法设计，刺激更多的用户参与其中，就能让这种流量换商品的模式跑起来。

那么，「步步换」是通过怎样的设计来撮合更多的交易呢？

我们发现了一条贯穿始终的主线：通过对商品和兑换方式的不断调整，来满足用户不同维度的需求。

（1）用商品调整用户画像

在「步步换」早期，可以兑换的商品大多是比较可爱的网红产品，所以整个用户画像以女性为主，这样的商品设置无形中就会流失掉一批男性用户。

"因为步步换是一个利益驱使型的产品，所以只有上架的商品足够多，才能满足各个层次的需求，如果我是一个男生，看到商品全是娃娃，自然也不会去裂变了，所以我们由此对商品设置进行了优化。"「步步换」负责人如此表示。

因此，「步步换」团队通过上架「吃鸡」游戏以及一些其他男生比较喜欢的周边商品，提升了男性用户的比例。

现在「步步换」用户的男女比例为 45% 和 55%，且各个年龄段的分布都比较平均。

这样，「步步换」就从商品设置的角度优化了用户结构，让男性和女性用户都能够兑换到心仪的商品。

（2）步数+积分：满足不同人群的兑换诉求

放眼市场上林林总总的几十款步数兑换小程序，大多采用"先把步数先兑换成代币，再用代币兑换成商品"的模式，这里有两个原因：

- 步数来自于微信运动，而微信运动每天都会刷新。
- 用户每天实际的步数有上限，一天内很难达到高端商品的兑换门槛。

因此，用户需要把每天即时清零的步数转化为代币永久保存，通过代币的积累兑换高端商品。大部分此类小程序，比如「SPC 运动宝」、「步数宝」、「365 步步赚」等，都采用了此种模式（见图 7-43）。

不过，「步步换」却采用了步数和代币并行的兑换方式，部分商品可直接用步数兑换。这是因为两种兑换方式有着不同的定位。

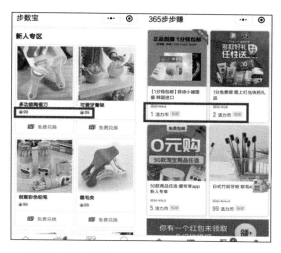

图 7-43 「步数宝」与「365 步步赚」通过代币累积变现示例

步数兑换可以看成在拉新,而代币兑换就是做留存,比如某位用户是朋友圈中的 KOL,每天都能通过好人缘集齐几万甚至几十万步数,那在当天直接使用步数兑换商品会是最优的选择。也有些用户希望通过自己努力获得商品,那就可以将每天的步数转换成为动力币(见图 7-44),通过长期积累动力币兑换商品。

图 7-44 「步步换」通过代币做用户留存示例

定位的不同导致了商品设置上各有侧重，一些偏向于"冲动消费"型的商品，就设置为步数兑换，因为步数短期内积累更加容易。而非硬性需求、高价值的商品就设置为代币兑换，适合用户细水长流，慢慢积攒。

用商品为媒介简单换算了一下，1万步或2个代币约等于1元钱，相当于走1万步就赚了1元钱。一位「步步换」的用户表示，大约20天积攒了70多枚代币，最后成功免邮换到了一个包包，这就是"细水长流"的代表。

「步步换」小程序的业务边界很清晰，也缺乏足够的竞争壁垒，这是现在步数置换类小程序此起彼伏的原因，所以未来「步步换」还需要挖掘新玩法，多点突破。

「步步换」的成功也说明，想在小程序赛道上奔跑起来，除了找准方向，剩下的就是在玩法上不断挖掘。

使用微信扫一扫小程序码（见图7-45），可查看本招式案例。

图7-45 「步步换」小程序码

7.7 模板消息

模板消息是微信小程序提供的一项通知能力。小程序商家可以根据模板，在某些场景条件下主动给用户下发通知。

模板消息主要分为两大类，一类是业务消息，一类是偏营销的消息。

业务消息是当某个业务发生时，比如支付成功或者发货，可以及时地通过模板消息给用户发送业务状态信息。

偏营销的消息是指用户主动参与了某项营销活动或者业务，使得商家小程序收集到用户的FormID，商家可以给用户下发偏营销的模板消息，例如抽奖提醒、过期提醒等。

如果用户关注了商家的公众号，商家也可以利用公众号模版消息来打开相关小程序。通过公众号，公众号运营者就可以推送关联的小程序页面了。

场景与痛点

在过去，传统电商平台主要通过短信来通知业务状态或者营销信息。现在短信的屏蔽率高，打开率低，而且还需要短信通道费用。另外，通过短信也很难回到原来的业务场景中，用户体验较差。

现在绝大部分用户日常都在微信中沟通，模板消息可以及时触达用户，并拉取用户进入小程序，回到业务场景中使用，提升小程序的活跃度。

运营招式 033——消息管理

在小程序后台中，开发模板消息管理功能，对接微信模板消息 API 接口，实现对消息模板的管理。

微信官方已提供了非常丰富的消息模板，商家可以依据自身需要，挑选合适的消息模板来使用。下列常用的消息模板，可以纳入小程序的模板消息管理功能中（见图 7-46）。

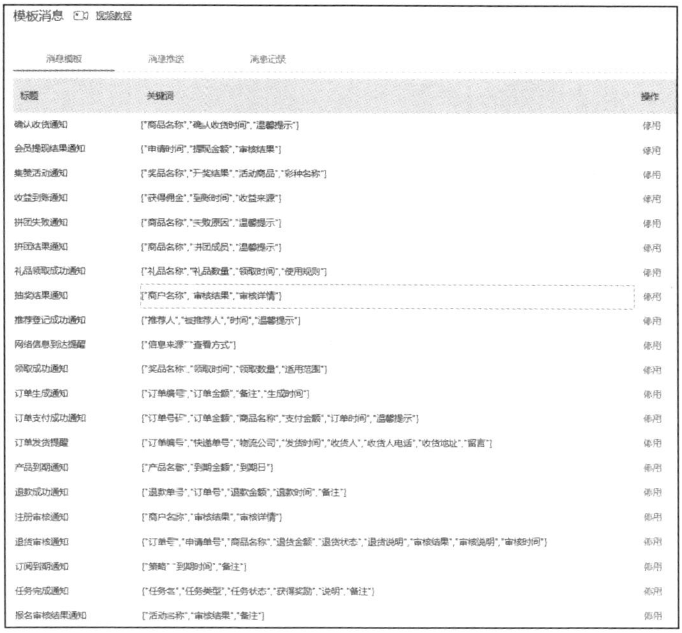

模板消息 视频教程

消息模板 消息推送 消息记录

标题	关键词	操作
确认收货通知	["商品名称","确认收货时间","温馨提示"]	停用
会员提现结果通知	["申请时间","提现金额","审核结果"]	停用
集赞活动通知	["奖品名称","开奖结果","活动商品","彩种名称"]	停用
收益到账通知	["获得佣金","到账时间","收益来源"]	停用
拼团失败通知	["商品名称","失败原因","温馨提示"]	停用
拼团结果通知	["商品名称","拼团成员","温馨提示"]	停用
礼品领取成功通知	["礼品名称","礼品数量","领取时间","使用规则"]	停用
抽奖结果通知	["商户名称", 审核结果","审核详情"]	停用
推荐登记成功通知	["推荐人","被推荐人","时间","温馨提示"]	停用
网络信息到达提醒	["信息来源""查看方式"]	停用
领取成功通知	["奖品名称","领取时间","领取数量","适用范围"]	停用
订单生成通知	["订单编号","订单金额","备注","生成时间"]	停用
订单支付成功通知	["订单号码","订单金额","商品名称","支付金额","订单时间","温馨提示"]	停用
订单发货提醒	["订单编号","快递单号","物流公司","发货时间","收货人","收货人电话","收货地址","留言"]	停用
产品到期通知	["产品名称","到期金额","到期日"]	停用
退款成功通知	["退款单号","订单号","退款金额","退款时间","备注"]	停用
注册审核通知	["商户名称","审核结果","审核详情"]	停用
退货审核通知	["订单号","申请单号","商品名称","退货金额","退货状态","退货说明","审核结果","审核说明","审核时间"]	停用
订阅到期通知	["策略" "到期时间","备注"]	停用
任务完成通知	["任务名","任务类型","任务状态","获得奖励","说明","备注"]	停用
报名审核结果通知	["活动名称","审核结果","备注"]	停用

图 7-46 小程序后台模板消息管理示例

例如，“订单发货提醒”就是一个典型的业务通知消息模板，当仓库在小程序后台点击发货按钮后，系统就会触发这个消息模板，给对应的用户发送一条小程序消息。可见，业务状态可以通过模板消息来按需触达用户。

另外，还可以通过设置模板消息，在某些业务场景下给用户推送消息（见图 7-47 和图 7-48），进行用户营销触达，比如“抽奖结果通知”“产品到期通知”。

用户收到相应的小程序模板消息后（见图 7-49），可以点击消息，重新回到小程序业务场景中，例如活动页面，从而再次激活用户。

图 7-47 小程序后台消息推送示例

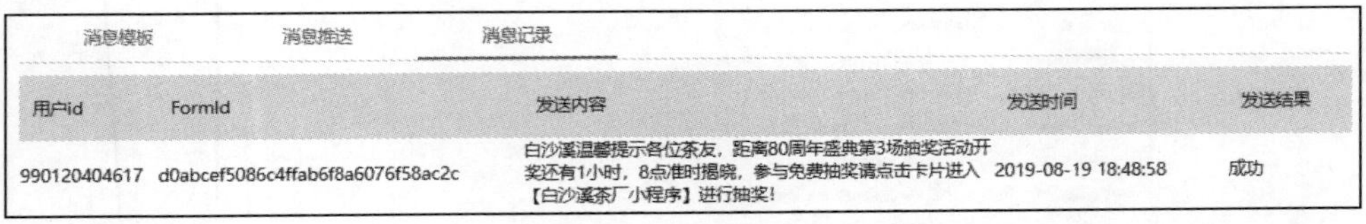

图 7-48 小程序后台消息推送记录示例

图 7-49 用户收到的小程序模板消息（抽奖结果通知）示例

招式价值点

小程序模板消息（业务消息）可以大幅度提高用户的服务体验，偏营销类的消息还可以主动触达用户，提升复购率及小程序活跃度。

典型案例

「广州男人智造服饰」使用小程序模板消息，通知用户订单已发货（见图 7-50）。

图 7-50　用户收到的小程序订单发货提醒消息示例

用户可以通过模板消息返回到小程序中，查看订单的状态或者促使用户重新回到小程序中浏览、购买商品。

「广州男人智造服饰」小程序还设置推荐用户有奖励活动。当用户分享小程序卡片页面或小程序码时，只要其他微信用户打开用户分享的小程序，该用户就获得新粉丝。此时，用户就会收到一条模板消息（见图 7-51），促使用户返回小程序中查看自己的粉丝数量与奖励情况，同时也进一步鼓励用户进行更多的分享裂变推荐。

使用微信扫一扫二维码（见图 7-52），可查看本招式案例。

图 7-51　用户分享被访问
的模板消息示例

图 7-52　「广州男人智造服饰」
二维码

第 8 章 Chapter 8

「白沙溪茶厂」小程序运营实战

第 3 ～ 7 章分别从平台运营、流量运营、商品运营、一体化运营及微信生态联合运营五个维度,以单个招式的方式,介绍了小程序运营的一些方法。

本章我们将通过一个真实的运营实战案例——「白沙溪茶厂」小程序运营,阐述如何综合运用各种招式来实现小程序的巧妙运营。

在 2019 年 8 月 29 日深圳举办的"微信支付服务商大会"上,「白沙溪茶厂」小程序入选为微信支付品牌小程序电商运营优秀案例(见图 8-1)。

图 8-1 「白沙溪茶厂」入选小程序电商优秀案例

「白沙溪茶厂」小程序平台于 2019 年 4 月 16 日上线,初期通过集赞送茶和点赞送券活动，积累了一部分种子用户，同时通过门店引导，养成了一部分用户使用小程序购茶的习惯。

但沉淀的用户仍然有限，刚好微信团队于 2019 年 8 月正式上线"品牌小程序商城"运营解决方案，多样化的运营工具与策略组合，为品牌商提供了更优产出比、私有化流量的智慧经营新思路。推行"品牌扶持计划"，为小程序的引流、转化、复购提供助力，打破时空限制，实现品牌全渠道、全场景的交易。

智零网络作为「白沙溪茶厂」小程序的服务商，立即向微信团队申请了"品牌扶持计划"，展开「白沙溪茶厂」小程序商城的运营。

8.1 总体运营思路

结合微信支付流量品牌扶持计划，「白沙溪茶厂」小程序商城总体的运营思路包括七大方面：店铺装修、优惠券、收藏奖励、用户包、商品品类、公众号推文/拼团、产品包装。示意图如图 8-2 所示。

图 8-2　小程序商城总体运营思路

- **店铺装修**：店铺的视觉感非常影响消费者，一定要在装修上打造消费场景，比如下午茶时刻、看电影时刻等，吸引与影响消费者。
- **优惠券**：要定期组织主题促销活动，如 527（我爱吃）促销活动等，配合优惠券，让主题促销活动有更好的转化效果。考虑制定老顾客回流的老客优享券，拉复购。
- **收藏奖励**：订单中有一部分消费者收藏了小程序。为了持续复购，建议引导消费者收藏并奖励消费者。
- **用户包**：指的是为商品销售而定义的、带标签的用户群体。方便微信支付向这些用户人群包投放曝光流量。场景匹配，人群包新鲜，那么用户包的价值就非常大，也可以尝试做跨界试点。

- **商品品类**：品类一定要丰富，基础品类、升级品类、爆款类、利润类、品牌形象类等可以做组合搭配，给消费者多一些选择，让消费者能够更方便、快捷地下单。
- **公众号推文 / 拼团**：这里分别是引流与促进成交的两种方法。可以通过公众号推文，将公众号粉丝导向小程序，也可以使用低价拼团促销的方法，让用户去裂变传播，给小程序引流、促成交易。
- **产品包装**：品牌产品包装本身就是非常庞大的入口，可以在产品外包装上印上小程序码，使之成为丰富的顾客流量的入口。

我们接下来详细看一看「白沙溪茶厂」小程序商城针对"八十周年庆及感恩回馈"是如何成功运营的。

8.2　活动的整体策划

「白沙溪茶厂」小程序的"八十周年庆及感恩回馈"活动整体策划包括主会场与子专题两大部分。这两部分活动使得小程序界面与内容丰富饱满，给用户一种产品琳琅满目的感觉（见图 8-3）。

图 8-3　「白沙溪茶厂」小程序的"八十周年庆及感恩回馈"活动界面图

8.2.1 主会场部分

在小程序主会场部分，着重策划六重好礼活动：满额立减、免费抽奖、购物返现、入群有奖、限时秒杀、超值拼团，并在小程序首页展示。

满额立减

满额立减招式的详细说明与应用可参考 4.3.2 节。在「白沙溪茶厂」小程序中，主要应用要点如下：

- 在明显的位置告诉顾客可以多次领"满 199 减 100"券，有助于促成顾客多次购买，提升复购率（见图 8-4）。

图 8-4 「白沙溪茶厂」小程序活动满减券界面

- 根据微信官方代金券核销规则，用户在小程序内领取并核销"满 199 减 100"的代金券，还可以获得曝光流量奖励。
- 用叠加满减和满赠的策略，可以提升用户客单价。

免费抽奖

抽奖招式的详细说明与应用可参考 4.2.4 节。在「白沙溪茶厂」小程序中，主要应用要点如下：

- 通过免费抽奖促进访客用户留存，每天购物黄金时间 20:00 点开奖，通过开奖小程序消息提醒，让更多用户在晚上再次访问小程序，促进转化。
- 已经购买的客户可参与超级大奖的抽奖，满 300 人自动开奖，让已购客户持续关注小程序。

- 每个奖品都是一张优惠券,可以兑换指定商品,有助于让用户形成在小程序下单购物的习惯。
- 设置仍需要支付一定金额或运费才能兑换商品的奖项,促进用户付费兑奖,增加微信支付笔数和真实的转化率。

「白沙溪茶厂」小程序端主会场入口的界面如图8-5所示。

图8-5 「白沙溪茶厂」小程序免费抽奖活动入口界面

在「白沙溪茶厂」小程序端点击入口后的抽奖界面如图8-6所示。

图8-6 「白沙溪茶厂」小程序抽奖活动页界面

购物返现

购物返现招式的详细说明与应用可参考4.2.1节。在「白沙溪茶厂」小程序中,主要应用要点如下:

- 购物后奖励顾客一定金额的现金，每天签到可返现金，让顾客每天都来打开小程序。
- 每天帮助分享或执行一些任务后（如签到），用户可以额外获得一次返现机会，有助于小程序传播（见图8-7）。

图8-7 「白沙溪茶厂」小程序签到领红包界面

入群有奖

微信群是非常有效的私域流量池，群招式的详细说明与应用可参考7.2节。在「白沙溪茶厂」小程序中，主要应用要点如下：

- 在首页展示入群有礼活动信息，让消费者主动添加客服微信，促使用户私域化。
- 在详情页展示盛典狂欢群，点击转入客户会话，引导入群有福利，有疑问可解答（见图8-8）。
- 当群满100人时，要由群主添加用户才能入群。为收获更多群私域流量，方便用户加入，活动时要及时更换群二维码（每满100人，更换一个新群码）。

图 8-8 「白沙溪茶厂」小程序微信群运营

限时秒杀

秒杀招式的详细说明与应用可参考 4.2.6 节。在「白沙溪茶厂」小程序中，主要应用要点如下：

- 限量且超低价格秒杀，大幅度提升进店用户转化，通过秒杀进度条营造物品稀缺的气氛；通过秒杀活动的预告，让用户准时回来和持续关注小程序（见图 8-9）。

图 8-9 「白沙溪茶厂」小程序限时秒杀入口界面

超值拼团

拼团的详细说明与应用可参考 4.2.5 节。在「白沙溪茶厂」小程序中，主要应用要点如下：

- 通过拼团功能（一定要有价格差），让用户主动帮忙转发小程序形成裂变，制造出热销的气氛（官方保证商品随时都有 3 个拼团在进行），参考图 8-10。

图 8-10 「白沙溪茶厂」小程序超值拼团入口界面

8.2.2 子活动专题

子活动专题属于商品运营的范畴。

依据白沙溪黑茶商品的特点与属性，针对不同顾客的需求，设置了六大子活动专题：中秋专题、必囤专题、镇店爆款、收藏系列、建厂系列、生肖系列，分类突出主要的商品卖点，吸引顾客及方便顾客快速导航、选购。

中秋专题

中秋专题主要是围绕活动期间的节日，将适合节日送礼或自用的黑茶商品组成专题页面，推荐给顾客，方便顾客浏览选购。

必囤专题

将新出品的、有较大库存量的、当前价格较实惠的、未来可能快速升值的黑茶商品汇集成专题页面，向顾客推荐，方便顾客浏览选购。

镇店爆款

将本店独有的、热销的黑茶商品汇集成专题页面，向顾客推荐，方便顾客浏览选购（见图8-11）。

图8-11 「白沙溪茶厂」小程序镇店爆款入口界面

收藏系列

将那些限量发行的、相对比较稀缺或者已升值的黑茶商品汇集成专题页面，向顾客推荐，方便顾客浏览选购。

建厂系列 & 生肖系列

建厂系列与生肖系列主要针对老顾客、对白沙溪黑茶情有独钟的人士，将有纪念意义的黑茶商品汇集成专题页面，向顾客推荐，方便顾客浏览选购。

此外，针对主会场的一些活动，也需要新增加活动专题分类页，包括：

- 新增秒杀区。
- 新增拼团区。
- 新增爆款区。

在「白沙溪茶厂」小程序后台的功能模块完善，这些子活动专题页面都可以通过自定义的方式装修配置，快速实现（见图8-12和图8-13）。

图 8-12 「白沙溪茶厂」小程序后台自定义专题页面功能界面

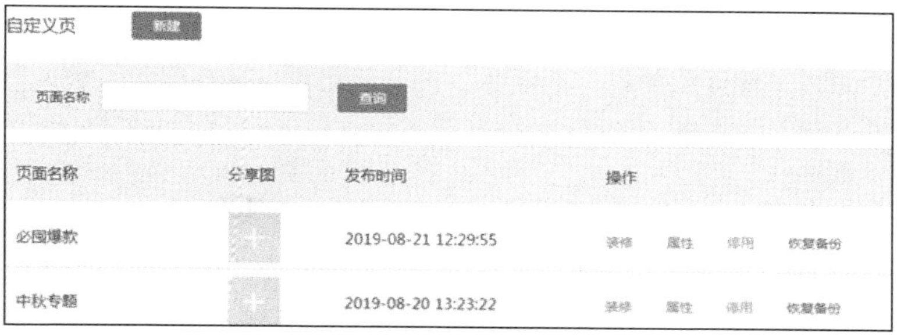

图 8-13 「白沙溪茶厂」小程序后台自定义专题列表界面

8.3 店铺装修与小程序页面优化

「白沙溪茶厂」首页按 iPhone X 的尺寸，共展示超过 16 屏的商品信息内容，包括六重好礼及各个专区（见图 8-14）。

其中，小程序首页装修至关重要，要让消费者能在打开首页时接收到最多、最有价值、最有冲击的信息。在活动过程中，服务商将首屏由最早的整屏文宣更换为 1/3 轮播 + 免费抽奖 + 领券。

图 8-14 「白沙溪茶厂」小程序首页装修展示优化

8.3.1 首页设计装修优化

关于「白沙溪茶厂」小程序首页的设计装修优化要点还有：

- 整个页面采用喜庆的红 + 金黄色，无其他杂色，风格保持一致。
- 将小程序顶部的默认白色也换成喜庆的红色，红色容易让人冲动，有助于用户转化。
- 利用 GIF 动图和轮播等让页面保持有动态的内容，动的内容可以抓住用户的眼球。
- 首页尽量不要采用系统默认的列表样式，要采用图片式货架展示，电商可以算是一门视觉经济，视觉效果差会严重影响转化。
- 重要的或主推的产品一定要提取特色卖点关键字并表达出来，这样有利于提升转化率，例如，十年经典、镇店之宝、好评如潮、超值特惠、限购 1 盒、大师之作等。
- 商品货架摆放要错落有致，上下左右保持文字和图片平衡，不能一成不变，否则容易导致视觉疲劳，不突出重点。
- 要有明显的【点击购买】的按钮指引，促进用户加入购物车和支付。
- 首页页面不宜过长，否则会影响小程序的加载速度，同时可以通过"查看更多"跳转到二级子专题的方式增加用户的点击次数。
- 在显著的地方展示【到手价】，减少用户的活动规则计算工作量，提升用户的体验。
- 在显著位置展示"正品承诺 假一赔十"等标识让用户放心。
- 在部分热卖产品图片上加入售罄标识,制造热销的气氛。

8.3.2 商品页展示装修优化

关于「白沙溪茶厂」小程序商品页展示装修优化要点有:
- 充分应用评论功能,将天猫、京东中的评论文字和图片导入小程序相关的产品评论中,提升商品的转化率。
- 充分应用产品副标题,促使用户感受到商品的亮点,提升商品转化率。
- 增加跑马灯功能,在单品页等页面展示最近几分钟其他用户的行为(如"1分钟前××购买××""10秒钟前××收藏××"等),制造出热销的气氛,促进用户转化。

示例如图 8-15 所示。

图 8-15　商品展示页装修优化示例

8.3.3 数据分析和页面装修优化

小程序页面的优化是动态的、持续的,需要依据实际的运营数据进行页面装修优化调整。在「白沙溪茶厂」小程序的页面装修优化中,特别关注了以下数据:
- 商品的点击数
- 商品的加购数

- 商品的收藏数
- 商品的成交数
- 页面的点击数
- 入口的点击数
- 用户点击路径
- 跳失页面数据

针对上述数据的变化情况，有针对性地进行了装修优化，主要的优化策略包括：

- 将转化率高的商品给予更多展示位。
- 替换流量少的广告位入口图片素材。
- 优化跳失页面素材，增加点击回路。
- 在商品页增加"回首页""会员中心""猜你喜欢"等回路。
- 调整转化率高的搜索权重，让产品得到更多的曝光。
- 主动发送加入加物车但没有提交订单的消息提醒。

8.4 活动运营管理

「白沙溪茶厂」小程序在整个"八十周年庆及感恩回馈"活动中，主要应用了以下方面的活动运营管理方法。

私域流量导入优化

- 在首页展示入群有礼活动信息，让消费者主动添加客服微信，促使用户私域化。
- 在抽奖页展示入群的福利政策，促进用户入群。
- 在单品页展示联系客服可快速处理疑问，促进消费者添加客服微信。
- 在联系商家页添加与手机同号的微信，促进消费者添加客服微信。
- 在首页展示浮动的客服入口，促使用户流量私域化。

互动式群管理

用户建立微信群后，需要专门的客服进行运营维护管理。在群的运营过程中，还需要逐步区分出重点客户群体，以培训商家的 KOL 或者骨干会员。

- 某个群每新增 30 人，派发微信红包，最佳手气获得一个茶叶兑换券，促进用户拉好友入群。
- 定时晒用户订单，制造出热销的气氛，促进用户购买。

- 每个群尽可能保持在 100 人之内，因为可以生成群码方便分享，也不容易出现群体事件。
- 分享茶叶的广告宣传片，提升品牌价值感。
- 在小程序中分享茶叶的历史和文化相关文章，促进用户打开小程序，最终形成购买。
- 定时邀请大家参与抽奖，与客户互动，让用户更多地打开小程序。
- 第一时间处理客户的售前、售中、售后问题，让更多的顾客感受到优质服务。
- 当有新人进入时表示欢迎，促进用户互动。
- 当出现群用户发广告的情况时，及时提醒并发出群规警告。
- 精选优质客户进入独立的群，维护好关系，定时发放特殊福利。
- 注意群主发消息的频率（一般不要连续发 5 条），内部人员需要参与互动。
- 管理多个营销群时，建议每个群主由不同的客户担任，防止群主微信号异常的风险。

增加与用户接触的机会

- 新人进入小程序，即送叠加优惠券礼包，可以收集 FormID，推送一条小程序消息，增加一次与用户接触的机会。
- 系统精准识别进入小程序的是来领券的用户，即给新用户派发一次 0.3 ~ 1 元的零钱红包奖励。在红包备注中添加活动消息，增加一次与用户接触的机会。
- 系统精准识别进入小程序的是来领券的用户，即给新用户派发一次 1 ~ 2 元的签到红包，用户每次签到可以领取 0.3 ~ 0.5 元的红包，促进用户持续打开小程序。

强大的分享能力

- 在所有页面都设置明显的"分享"按钮，促使用户转发和分享。
- 任何分享都有分享给好友和生成海报功能。
- 拼团、秒杀、抽奖、首页、专题页都能生成非常漂亮并带跟踪码的海报。
- 单品页有 8 种海报样式，还可灵活地设置价格是否展示，圆码和方码样式可自由选择，能自动复制标题和价格等，方便用户转发到朋友圈。

好物圈能力

- 单品页可以一键分享到微信好物圈。

- 收藏、购物车和订单数据实时与微信好物圈同步。

未付款的订单提醒

对于未付款的订单，需要及时提醒用户付款。有些时候，在商品购买过程中，用户因忙或受到其他因素的影响，意外中断了付款流程，及时提醒有助于更多交易达成。

- 未付款短信提醒。
- 未付款小程序消息提醒。

品鉴中心的应用优化

品鉴中心是白沙溪茶厂小程序中的"资讯版块"，提供黑茶文化及客户案例介绍，用于塑造品牌及用户影响力，方便分享。

- 通过品牌文章和品牌视频给客户种草，促进用户转化。
- 发布品牌在全国的活动实时（茶博会）文章，增强品牌影响力。
- 宣导茶文化和健康文化，文章中夹带小程序卡片，促进用户购买。

公众号的优化

- 支付完成后关注公众号。
- 关注公众号自动回复。
- 菜单优化突出活动内容，将菜单设置成直接跳到小程序活动页面。

8.5 优惠券发放流量运营

「白沙溪茶厂」小程序向微信申请了微信支付流量"品牌扶持计划"，在用户使用微信支付后，采用优惠券发放的方式，进行小程序曝光与引流，实现智慧经营。

这其中，需要深刻理解微信支付为品牌小程序提供的启动流量——发券流量，品牌商家需要提供人群包，以供微信支付平台进行投放。

8.5.1 品牌人群包配置与投放

当向微信支付团队申请品牌流量扶持通过后，就需要开始进行品牌人群包配置与投放计划设定。其中人群包的配置非常关键，往往会决定投放的效果与最终交易转化。

配置人群包

流量总是有限的，向微信支付申请的扶持流量更是如此。因此，要实现流量投放效果最优，就要做到精准人群定位。

服务商要与品牌商一起，根据产品的属性规划并选择好人群定位，即精准分析用户画像。

按微信支付团队给出的建议，精准分析用户画像，可从以下几个方面展开（见图 8-16）。

图 8-16　精准分析用户画像维度

- 用户基础画像：一般是指用户的年龄、性别、职业等。
- 行业消费喜好：一般是指用户在某个行业的消费喜好。
- 社交支付特征：指的是用户红包、转账等行为特征。
- 商业支付特征：指用户线上线下的消费行为。
- 消费特征：指关联商户的消费行为、频次、金额、活跃度等。

实际上，微信平台方也主要是基于包括以上维度在内的多种维度，对用户画像进行评分，得分越高，越可能是品牌的目标用户。这些精准分析的用户画像将用于流量投放，帮助拉新及留存用户复购。

由于白沙溪茶厂及其经销商原有的数字化程度不够，因此对用户的画像分析存在较大的局限性，服务商着重从以下三个维度来进行人群定位包设计（见图 8-17）。

最终服务商智零网络与白沙溪茶厂将消费者用户画像描述如下：

- 用户基础画像：年龄层次为 30～55 岁的中年群体，男性比女性稍多。
- 消费特征：消费者对健康保健意识强，对价格比较敏感，对产品促销方式偏爱，自身有较高素质和中高收入。网购目的以自饮和礼品为主，收藏为辅。
- 地域特征：白沙溪黑茶网购集中城市为北京、上海、广州、深圳、杭州、南京、苏州、福州、泉州、成都、武汉、重庆、天津、郑州、长沙、西安、东莞、佛山、济南、厦门、青岛、合肥、无锡、大连、石家庄、宁波、温州、珠海、南昌、昆明、常州、太原、中山、贵阳、南通、哈尔滨、沈阳、兰州、徐州、南宁、嘉兴、烟台、长春、海口、金华、绍兴、乌鲁木齐、镇江、唐山、潍坊、廊坊、扬州、泰州、台州、惠州、芜湖、呼和浩特、保定、威海、洛阳、沧州、舟山、许昌、淄博、银川、济宁、鄂州、临沂、江门、湘潭、株洲、莆田、湖州、盐城、东营、奉安、聊城、岳阳、衡阳、德阳、邯郸、绵阳、秦皇岛、漳州、荷泽、湛江、安阳、邢台、广安、德州、眉山、遂宁、柳州、遵义、肇庆、枣庄、赣州、常德、茂名等城市。

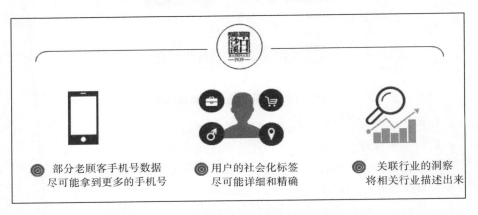

图 8-17 白沙溪人群包定位分析维度

虽然品牌方（白沙溪茶厂）现有用户数据非常有限，但平台方提供了 lookalike（相似人群扩展）算法，来扩展相似投放受众群体。

使用 lookalike（相似人群扩展），指的是基于种子用户画像和社交关系链寻找相似的受众。腾讯拥有中国最广泛的覆盖的人群，使得 lookalike 可以得到很好的成熟的应用。lookalike 算法原理如图 8-18 所示。

首先是种子用户的获取，不再局限于商家自己去收集上传的用户人群包，平台方还可以获取按照用户提供或近期系统自动记录的种子用户数据。平台方系统可根据种子用户的标签与平台用户标签做匹配，会从上百万个维度对种子人群进行分析，从中筛选出最具代表性的共有特征。根据这些特征再从全量活跃用户中筛选出另一批与种子人群最相似的用户。

所以，服务商将品牌方现有的用户数据做种子，结合行业标签，提供给平台做 lookalike 扩展，定位形成多个人群包（注意，种子用户包中，为保护用户隐私，手机号等信息都需要加密）。

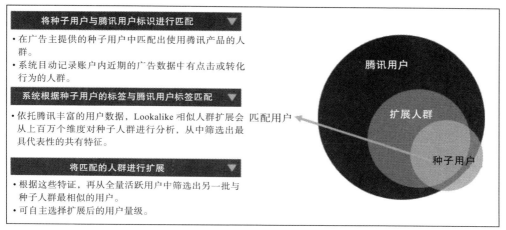

图 8-18 lookalike 算法原理示意

按计划投放

在活动期间，投放要做好规划，使得曝光流量最好不要断档。

微信支付品牌流量扶持计划，支持两种投放方式：面对面投放与附近发券（见图 8-19）。

图 8-19 人群包投放配置方式

其中，面对面流量投放需要由平台方进行配置，附近发券由服务商进行投放配置。

由于人群包的数量可以扩展到很大，一般应根据活动量级目标确定投放的消费用户或潜在消费用户。为了达到较好的流量投放效果，服务商应当规划多个人群包进行 lookalike 扩展，进行投放（测试）。

例如，「白沙溪茶厂」在做人群包扩展时，就依据不同的行业标签分别进行相似人群扩展，形成多个人群包，进行投放及对比投放效果，比如：

第 5 轮配置标签：中小企业主、军人＋警察、政府、医药、房地产行业、科研＋教育（职业）从业者，25 ～ 55 岁（年龄），月薪 4000 元以上（收入）。

第 6 轮配置标签：中小企业主、政府、科研＋教育、广告／市场／媒体／艺术工作者，咨询顾问，法律（职业）从业者，25 ～ 55 岁（年龄），月薪 4000 元以上（收入）。

由于小程序可以较好地将用户数字化，依据投放后的转化效果分析数据（见图 8-20），不断总结优化人群包，可使投放越来越精准，转化率也日趋稳定。

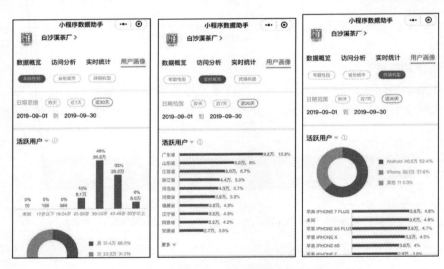

图 8-20 「白沙溪茶厂」小程序用户画像数据示例

例如，「白沙溪茶厂」活动期间制定了如下投放计划，见表 8-1。

表 8-1 「白沙溪茶厂」人群包流量投放计划示例

星期	日期	配置说明	投放策略	每日预估曝光量（万）	当天结束预计剩余曝光量	累计使用配额
星期一	2019/9/30		中高端人群包＋普通人群包＋lookalike（2 个包同时投放）	50	2450	4
星期二	2019/10/1		中高端人群包＋普通人群包＋lookalike（2 个包同时投放）	50	2400	7

（续）

星期	日期	配置说明	投放策略	每日预估曝光量（万）	当天结束预计剩余曝光量	累计使用配额
星期三	2019/10/2		中高端人群包+普通人群包+lookalike（2个包同时投放）	100	2300	14
星期四	2019/10/3		中高端人群包+普通人群包+lookalike（2个包同时投放）	100	2200	21
星期五	2019/10/4		中高端人群包+普通人群包+lookalike（2个包同时投放）	150	2050	32
星期六	2019/10/5		中高端人群包+普通人群包+lookalike（2个包同时投放）	150	1900	42
星期日	2019/10/6		中高端人群包+普通人群包+lookalike（2个包同时投放）	200	1700	56
星期一	2019/10/7		中高端人群包+普通人群包+lookalike（2个包同时投放）	200	1500	70
星期二	2019/10/8		中高端人群包+普通人群包+lookalike（2个包同时投放）	150	1350	81
星期三	2019/10/9		中高端人群包+普通人群包+lookalike（2个包同时投放）	150	1200	91
星期四	2019/10/10		中高端人群包+普通人群包+lookalike（2个包同时投放）	100	1100	98
星期五	2019/10/11		中高端人群包+普通人群包+lookalike（2个包同时投放）	100	1000	105
星期六	2019/10/12		中高端人群包+普通人群包+lookalike（2个包同时投放）	50	950	109
星期日	2019/10/13		中高端人群包+普通人群包+lookalike（2个包同时投放）	50	900	112

其中，投放曝光量一般按如下方法进行预估：

曝光流量 = 商户出资代金券张数 / 预计领取率 / 预计核销率

例如，品牌商家出资代金券张数为10 000，预计领取率10%，预计核销率1%，则

曝光流量 = 10 000 / 10% / 1% = 10 000 000

对于投放效果不好的品牌要从页面以及投放策略方面进行优化，且要不断尝试使用平台画像模型来做跨界或者目标人群的定投，最终要脱离依赖原始品牌人群包的方式。

8.5.2 优惠券的设计

用于流量运营的活动优惠券的设计是有技巧的。

首先优惠力度要大,以确保对用户有足够的吸引力。服务商与白沙溪茶厂最早设计了多种优惠券方案,都是 5 折左右(见图 8-21)。

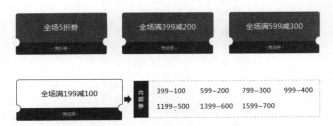

图 8-21 「白沙溪茶厂」优惠券方案

其次优惠券要尽可能设计为全场优惠,否则容易对顾客造成困扰,产生大量的用户投诉与客服工作量。

在快消品类中,白沙溪的黑茶茶品单价相对较高,5 折券的优惠力度是相当大的,非常具有吸引力。

但对于品牌厂家而言,如果选择"全场五折"这个让利压力就太大了。而其他更大额的满减优惠券,对于用户来讲,又会比较有压力,因为要购买满这么大额的订单是比较困难的,特别是对于首次访问小程序的用户。

因此,最终选定的优惠券方案是"全场满 199 减 100",同时可叠加使用内部优惠券。这个"全场满 199 减 100"优惠券,是经电商行业验证过的,对消费者吸引力最大的配比转化率极高。有大额购买需求的用户可以领取小程序内其他折扣优惠券叠加使用。

8.5.3 领券入口优化

为了让更多的用户领取曝光发放的优惠券,提升领取率,需要优化领券入口。

在白沙溪茶厂小程序活动中,采取下如下优化思路与具体实施策略:

优化思路

- 小程序的 LOGO 图片的颜色要尽可能吸引眼球,要能引起用户的注意。
- 针对优惠券主标题,首先一定要包括并突出品牌名称,品牌会让顾客产生联想和建立信任,这是后续所有交易的基础,由于目前小程序没有像淘宝那样的担保支付机制,解决信任问题至关重要,没有信任就没有交易;其次要表达出超值优惠力度，让用户感觉出此刻不领取就吃亏了。
- 针对优惠券副标题，首先要有场景感和代入感，可以说明一下优惠活动的背景，用状态词制造气氛，让用户有身临其境的感觉；其次是可以营造神秘感，让用户产生好奇心，促进用户领取。

具体策略

在 LOGO 方面，白沙溪原始的 LOGO 为黑白颜色，不足以吸引眼球，此次投放采用了只有在节日活动时才采用喜庆红色（见图 8-22）。

图 8-22　白沙溪 LOGO（左为原始黑白色，右为喜庆红色）

在主标题方面，白沙溪领券页使用了"白沙溪 100 元代金券"作为主标题（见图 8-23）。

图 8-23　优惠券主副标题

这里突出：
- 白沙溪是知名品牌。大概知道这个品牌的用户领取率会很高，因为前期小规模精准的领取率达到 34%。
- 相比于其他的品牌，100 元的券面金额的优惠力度还是不错的。

在副标题方面，白沙溪领券页使用了"80 周年庆 6 重好礼狂欢"作为副标题，以表达：
- 80 周年庆是这次活动背景，告诉顾客这不是一个平白无故的优惠，让用户了解这个活动的由来。另外"80 周年"也会令用户感觉到是一个可信任的老品牌。
- "6 重好礼"中的"6"会让一部分用户产生好奇心，让那些想知道是哪 6 重好礼的用户点击领取。

- "狂欢"是一个状态词,给用户营造一种很热闹的气氛,促进用户点击领取。

8.5.4 领券落地页优化

落地页是指点击微信支付完成页上的优惠券"领取"按钮之后的呈现页面。因此,领优惠券的落地页也需要进行优化,要设法使更多领取券的人打开品牌小程序,从而提升小程序打开率。领券落地页的优化思路与具体优化策略如下:

优化思路

展示形式优化。单张优惠券,最好能接近 5 折优惠,如果达不到,可以设置降低券面金额来实现。对于多张优惠券,可以设置一张低金额无门槛的代金券。

落地页有关的活动图片要与活动主题一致,要有吸引力,要表达的文字字体一定要大(见图 8-24)。

图 8-24 优惠券落地页界面示例

具体策略

- 具体优化实施策略:单张优惠券,设定高优惠,如"满 199 元减 100 元"。
- 匹配白沙溪 80 周年庆,实施"感恩回馈"。

8.6 可开启与待应用的小程序功能

在本书完稿时,「白沙溪茶厂」小程序的活动仍火热在进行中。上述已实施的运营措施效果明显,最高日促成成交笔数超过 700 笔,日成交金额超过 10 万元。

累积沉淀小程序用户超过 119 万。

在持续进行的后续活动中,「白沙溪茶厂」可探索开启与应用以下小程序运营功能：

- **一级分销功能**。使小程序用户具备"自购省"和"分享赚"的能力,即用户 A 推广小程序活动给用户 B,B 购买后 A 有佣金收益,A 自己购买会获得商家返现。
- **二级分销功能**。用户 A 推广小程序活动给用户 B,B 再推广给用户 C,C 购买后 B 和 A 都有佣金。这个二级分销逻辑有助于用户主动转发小程序,形成粉丝裂变。
- **社交红包功能**。例如用户 A 在小程序中购买 100 元商品,小程序自动生成 5 元（5%）的社交红包,用户可以自己领取一个,其他 9 个可以分享给家人或朋友,领取红包的人还可以获得一张超值优惠券（促进新人转化）,通过这种方式让小程序更多地被转发。
- **集赞（卡）送礼**。设置集多个赞（卡）即可免费获得一个商品兑换券,用户可以自助下单领取奖品,助力点赞的客户也会获得一张超值的优惠券,这种方式容易形成裂变式传播。
- **砍价免费领取**。系统设定每次砍价的金额随机数,用户可以发起砍价活动,用户主动发起砍价形成传播,帮忙砍价的用户也会获得一张超值优惠券,促进转化和传播。
- **代言人投票活动**。邀请买家用户在收到产品后上传照片到小程序中,从而发起投票活动,设置投票规则,让更多人传播,形成裂变和转化。
- **口令红包**。用户输入口令即可享受额外优惠,可用于短信、百度、微博、公众号、微信群等跨渠道推广。
- **收藏有礼**。用户收藏小程序截图,后台审核后可以设置奖励现金和优惠券,促进用户留存。
- **储值营销**。分为固定储值营销和动态储值营销,动态储值营销是指在根据购物车的金额自动计算引导用户支付时同时充值。

可见,小程序中可实现的运营招式是非常丰富的,我们可以依据实际需求,合理采用或巧妙地组合使用。

第 9 章 Chapter 9

运营趋势探讨

小程序还在快速发展中，其能力也在不断升级与延伸，这也意味着小程序的运营招式还会越来越丰富，同时也会有各种各样组合的变化。我们需要时刻关注用户需求变化，结合自身的业务与服务能力，及时依据小程序能力的变化灵活地运营应用。如果能理解与把握运营趋势的变化，掌握一定先机，则可以享受小程序更多的发展红利。

本章我们将结合新一代电商形态的变化、小程序未来的发展变化，探讨小程序可能的运营趋势。

9.1 新一代电商形态

自 2003 年 5 月淘宝成立至 2019 年，电商在国内已快速发展 16 年。得益于移动支付与快递服务网络的有力支撑，电商行业仍在快速发展中。可以说，电商已进入人们生活的方方面面。

回顾国内电商的发展历程，电商发展到现在，大概经历了三个阶段：

- 第一代电商：大约是 2003～2012 年，这一代电商的显著特征是单纯地满足人们生活上的需求，商品的质地不是最核心的。典型代表是淘宝网。
- 第二代电商：大约是 2012～2017 年。此时人们通过电商，不仅仅是简单地满足需求，还对品质提出了更高的要求。这一阶段的电商形态代表是京东与天猫。
- 第三代电商：大约是 2017 年至今。此时移动互联网深入人心，商品极其丰富，支付便捷，物流快速；下沉市场需求开始爆发，社交与情感因素突显。

这一阶段电商形态的典型代表是拼多多和云集。

那是不是电商领域"大局已定"呢？当然不是。以下是几点关于未来新一代的电商发展及其形态的思考：

（1）**电商发展仍有较大空间**

工信部统计信息显示，2018年仅我国的社会消费品零售总额就高达48.9亿，网上零售额仅占18.4%，显示电商仍有发展空间。

（2）**产业数字化成为共识**

数字经济是随着信息技术发展而产生的一种新的经济形态。在世界范围内，数字经济早已成为全球经济的重要内容，是全球经济发展的主线。数字孪生是业务数字化的重要概念与发展阶段，即利用新一代信息技术，构建业务数据的采集、传输、存储、处理和反馈的闭环，打通不同层级与不同行业间的数据壁垒，提高行业整体的运行效率，构建全新的数字经济体系。

过去10年里，我国云计算、大数据等IT技术迅速发展，数字技术水平突飞猛进。中国经济正经历由传统经济向数字经济的转型，数字化所带来的新的理念和商业模式加快了我国传统行业数字化转型。然而，在我国产业数字化转型实践中还存在一些普遍问题，传统行业，特别是线下实体缺乏较方便的数字化工具与手段、数字化平台。

国家经济增长与发展离不开实体，离不开各行各业，离不开年轻人。实体经济下还有更丰富的场景以及大量的人群，产业数字化要能更好地满足从乡村到城市的各类人群对品质生活升级的需求，满足对美好生活享受与体验的追求。**未来商业经济的发展趋势一定是数字化，一体化。**

在中国社会经济的广阔天地，产业数字化大有可为。据IDC发布的《2018中国企业数字化发展报告》显示，近几年我国数字经济占GDP比重逐年增加，至2017年已经达到32.9%，规模达27.2万亿元。但相较发达国家（美、德、英）数字经济占GDP比重超过50%，仍有很大提升空间。

（3）**智慧化是方向，是趋势，是未来**

5G通信正在商用，物联网将无所不在；数字孪生让大数据进一步爆发；AI技术的发展，使得基于数据的智能运营、智能决策将会大行其道，影响各行各业。

通过小程序将可以实现广泛的设备连接，毫秒级通信、边缘计算必将使数据驱动的商业智慧加速发展。例如，在零售领域可以通过数据引擎，做到洞察用户、进行智能选址、智能触达目标人群、智能推荐所需商品，实现智慧经营（见图9-1）。

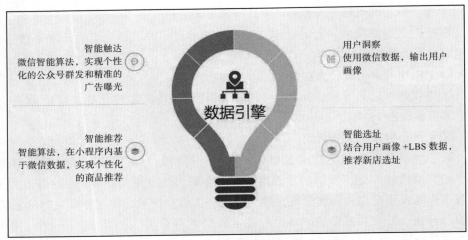

图 9-1　基于数据引擎的智慧经营

通过智慧经营,可以做到智慧选品、销售测量、商圈洞察、人脸支付等,提升消费体验、满足个性化需求,可以进行供应链模式更新、全流程信息化等智慧升级。

(4)全新的协作方式

移动通信技术的发展及智能设备的广泛应用,将使"去公司化"盛行。各项工作的进行与业务的开发,可能不再是以公司或组织的形态开展,更多的会是通过个体与平台在全球范围内进行协作。

(5)人品与责任成为商业的重要护城河

人品/人设是社交的重要构成部分,是社会分工协作的基础。科技向善,情怀、信用与责任才能使生活变得更加美好,让社会更进步。有良好的人品,能肩负起责任,商业发展将是水到渠成的事情。

基于微信的小程序的能力越来越强大,其作为连接线上线下的载体,能够让社交场景与媒体场景变得产品化、数字化。小程序免下载安装、易用易传播、去中心化的属性,正在构建一种新的互联网形态。因此,我们有理由相信,未来的电商发展过程中一定会有小程序的一席之地。

9.2　小程序未来发展预测

依照产业数字化的发展大势,研究现有小程序的场景覆盖及微信团队释放能力的方向,我们认为,小程序的未来正显现如下几个趋势:

"云开发 + 插件"将是小程序发展的主流趋势

微信团队一直在努力降低小程序开发与应用门槛,推出小程序云开发与插件能力,以便小程序能覆盖更多的传统企业、更全的线下场景,越来越多的服务商与开发者可以更低成本、更高效率地开发小程序,参与小程序生态建设。

2018 年 7 月,微信团队为小程序开发提供完整的云端开发流程,支持云函数、云数据库、云文件存储等基础能力(见图 9-2),弱化后端开发及运维概念,使开发者无须搭建服务器,使用平台提供的 API 即可进行核心业务的开发,实现快速上线与迭代。小程序云开发大大降低了开发者的门槛,而且后端服务是零部署、零维护,基于云平台的后端服务也更稳定,更具弹性扩展能力。

图 9-2 小程序云开发控制台

2018 年 3 月,微信团队开放小程序插件功能,至当年 6 月就释放了腾讯地图、腾讯视频等官方插件,并支持微信支付、微信登录、可开发全页面完整插件等能力。到 2018 年 9 月,插件市场正式上线。插件化符合小程序"轻开发、重运营"的特性,随着未来小程序生态的成熟,收费插件或将兴起,成为下一个小程序风口。

小程序将成为各行各业的底层基础设施

2018 年第四季度,腾讯启动第三次组织变革,全面转向"产业互联网"。此战略转向表明:一方面,大量仍处于未曾触网或者浅层次触网的传统企业,多数缺乏数字化能力,需要助力;另一方面,线下实体、线下场景成为巨头们的必争之力,典型的例子是"盒马鲜生"与永辉的"超级物种"(见图 9-3)。

微信一直在拓展小程序连接线下的能力,包括附近的小程序、扫码打开小程序、线下支付发券能力等,这符合"小程序只是针对线下场景做的应用"这一初衷。

小程序正成为线下场景的极其重要抓手,是改造传统行业、企业数字化的急先锋。未来，小程序将成为各行各业的底层基础设施。

图 9-3　阿里与腾讯大举切入线下

小程序或将成为商业机构的用户数据资产管理标配

小程序可以方便地实现智能硬件连接，如米家小程序连接家用电器；可以方便地实现分层细分人群的连接触达（见表 9-1），一方面将既有服务延伸到移动端，延续品牌与目标人群定位，另一方面，针对特定人群提供细分服务（参考图 1-16）；可以实现整合营销，是传统企业用于连接线上与线下营销活动，实现客户管理与营销信息分享相结合的必需环节。

表 9-1　小程序可实现分层人群触达

类　别	分群描述	小程序举例
性别分层	男性、女性	MatchU、姨妈日历
年龄分层	低幼、青少年、中年、老年	高考真题、糖豆广场舞
消费分层	低档、中档、高档、奢侈	拼多多、每日优鲜、唯品会

可见，结合小程序可构建用户精准细分、体验良好、丰富多样的连接与服务。未来将逐步形成"用户体验和服务优化的多前端矩阵＋大中台＋数据智能决策"的企业数字化建设模型，"前台"强调微创新和灵活多变，"中台"突出规划控制与协调能力，帮助企业实现线上线下融合，"后台"实现全渠道、全业务、全用户数据的智能化、可视化、一体化、精准化的管理。

总体而言，在未来，或许每一个商业机构都至少需要一个自己的小程序。

小程序或将承载腾讯发展电商的使命

在中国，电商市场规模超过 50 万亿级别。腾讯布局电商世人皆知，从最早的腾讯拍拍到入股京东、唯品会，从微信支付渗透到抢占线下，无不表明腾讯有一个发展电商的梦想。

财报显示，微信及 WeChat 的合并月活账户数达 11.33 亿，更有十几个内容类小程序日活跃用户超过 100 万。小程序生态的快速发展，使得小程序在各个垂直行业迅速落地，越来越多的人在小程序中使用微信支付，小程序内支付人数同比翻番。

小程序在电商领域的垂直化探索持续深入，私域流量、社群营销、智慧新零售等概念层出不穷，小程序电商的想象空间越来越大。

微信里有大量的流量、媒体能力、销售能力与支付场景，为品牌带来了商业新机会。据统计，小程序目前年销售额已经超过了一万亿，并且以每年一万亿的速度继续增长。

基于小程序的"去中心化的+社交的+智慧的"电商模式，正在助力实现腾讯电商发展的梦想。

正如微信小程序的第一个宣传文案所提及的，通过小程序，"这一切，将被重新定义，事物不再是事物，而是触手可及的服务入口，连接一切，生活无限可能。而这个未来，才刚刚开始。"

9.3 未来运营招式畅想

随着小程序的快速发展，能力不断升级，覆盖的场景越来越多，小程序的运营招式肯定不会仅限于本书所提到的这些，未来还会有更多的扩展与创新，运营招式将会越来越丰富。

我们接下来试着对一些刚上线与刚开始内测的小程序的新能力，展开关于未来运营招式的畅想。

9.3.1 PC 版微信打开小程序

微信团队于 2019 年 8 月发布的 PC 版微信测试 2.7.0 版本，支持在 PC 版微信内使用小程序。在 PC 版微信的 2.7.1 版本中，已正式发布该功能（见图 9-4）。

新版的 PC 版微信中的小程序采用新窗口打开形式，在功能上基本与手机版的一致。这是非常具有颠覆性的一次功能升级，使小程序又多了一个流量入口，毕竟在工作时间，大部分用户是使用 PC 版微信进行工作的，这样可以方便用户在工作中使用各种小程序提供的服务。而且 PC 版的微信支持多个小程序同时运行，后台运行也没有问题，这比手机版更方便。

不过，新版的 PC 版微信虽然支持了小程序，却没有提供小程序入口，搜索中也不支持搜索小程序，用户只能通过好友分享的小程序卡片进入小程序。并且，新版的 PC 版微信并不是支持所有的小程序，比如小游戏类的小程序就不支持，像非常流行的"跳一跳"小程序，在新版的 PC 版微信中仍然显示"不支持的消息，可在手机上查看"。此外，新版 PC 版微信的小程序不支持支付功能，下单后需要在手机版上进行支付操作。

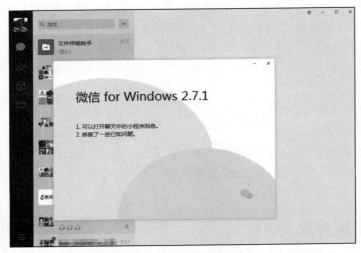

图 9-4　PC 版微信 2.7.1 版本已正式支持打开小程序

现阶段 PC 版微信支持打开小程序，至少可看作在电脑上安装了一个智能手机模拟器，让我们可以访问与体验小程序。

PC 版微信支持小程序后，可以让我们的工作效率和便捷度大幅度提升，小程序也因此多了一个流量入口，未来可让小程序的运营变得更加多样化。

9.3.2　小程序直播

视频是能让内容展现得更丰富的一种媒介。通过直播形态的视频来进行"种草"与"带货"，正变得越来越流行。

"网红经济""网红效应"等正是"大 V"/"网红"结合直播，产生有非常强的用户黏性和社交传播力，进而促进成交的一种现象。直播这种红人和用户粉丝之间互动性强、参与度高的特性非常适合在微信社交环境下做传播和运营，用户可以通过红人直播间内的介绍，直接在线购买所推荐的产品，**实现"所见即所买"**。这些"网红"都有自己的微信群和忠实度较高的粉丝，粉丝的主动转发和口碑传播形成快速裂变。

"小程序直播"可使用户在直播现场边播边卖，直接跳转拉起小程序商城，购买主播推荐的商品。

目前,"小程序直播"功能尚在邀测阶段。需要提供资料申请,微信团队内部审核通过后才可使用。

申请资料包括:

1)品牌一句话介绍 + 开番时间。

2)直播 / 短视频审核相关信息,如下所示:

- 插件使用主体、经营内容、小程序 AppID。
- 直播内容说明:直播地点、直播内容、直播人员和形式介绍、直播人员、观看群体。

3)申请使用直播插件。

4)公众号、公众号 ID、粉丝数。

5)品牌介绍:品牌、会员数量、销售情况等的介绍和环比分析。

商家申请开通"小程序直播"功能,首次申请只能申请一次,播出之后可以申请多次。

现在网红直播带货能力非常强,所以"小程序直播"功能在电商领域的应用与运营非常值得关注。

9.3.3 小程序用户满意度评分

好的小程序一定是受用户欢迎的,这种受欢迎的程度如何标识与体现,如何公正、客观地评价,让商家、开发者与用户可以很容易地感知,相信一定是微信团队需要探索与实现的,也是未来运营者需要特别关注的。

2019 年 9 月 11 日,微信内测了安卓端 7.0.7 版本,最大的变化是用户界面上全面 iOS 化,网页、公众号文章、好友资料等几乎所有页面的「…」菜单都被改版。

特别是小程序用户满意度评分直接出现在菜单中,非常明显,同时,小程序「回到首页」功能强化(见图 9-5)。

小程序用户满意度评分是张小龙在 2019 年年初"微信公开课演讲"中提到的"用户满意度"功能,即在小程序资料页中增加了"使用满意度"描述,不同小程序 / 小游戏有不同的分数。

小程序用户满意度评分功能于 2019 年 6 月份经过了灰度测试,至 2019 年 9 月的三个多月,该功能一直处于安卓端"独有"状态,iOS 用户看不到。由于位置不够显眼,入口较深,安卓用户对其的感知也很弱。如今突然现身在小程序首页菜单里，意味着其开始离用户越来越近。

图 9-5　小程序使用满意度评分及返回首页功能示例

用户满意度体系展现

"好的小程序应该由用户定义"，微信团队在 2019 年年初的微信公开课上谈及关于小程序用户满意度评价体系时提到，好的小程序不应该由用户量、交易量以及品牌决定。

这暗示小程序的用户使用满意度将是一个纯粹的功能，不受其他客观因素影响，对于中长尾小程序显然十分利好。正因如此，这个满意度评价体系必定也是非常复杂的。

关于用户满意度体系，微信负责人谈道："我们会搭建一个满意度体系，去向用户收集更多的满意度反馈。我们将会通过客观的数据统计去建立一套优质评价体系，从运营、用户和性能三个方面去看小程序的效果。"

可见，满意度评价规则会涉及多方面，也会是动态调整的。评分规则可能涉及：

- 分数的高低，与参与评分的人数、打分都有关系。比如，有的小程序虽然评分高，但可能是参与评价的人数少，不具备更全面的说服性。
- 评分标准可能不以平均分为准。如果算平均分的话，只要有一个评分不是 5 分，那么小程序就无法达到 5 分的满分。评分体系可能与比例相关，想让一款小程序升级，相同的评分必须达到一定比例。比如，原本小程序得分为 3 分，但需要 20 人给 4 颗星才能升级到 4 分，但现在只有 10 人给出了 4 颗星，那么该小程序依旧维持 3 分。

值得注意的是，它是以弹出对话框的形式询问用户要不要打分（见图 9-6），用户是被动接受邀请，而非主动打分，因此并不是每一个用户都能收到这个对话框。

图 9-6　用户给小程序做满意度评分示例

虽然满意度评分体系尚未完全建立好，但该体系与功能点早就被众多开发者关注，原因在于：

- 降低试错成本。通过小程序"用户满意度"评分体系，用户可以对小程序的优劣进行快速判断，降低试错成本，这意味着评分高的小程序更能得到新用户的青睐。
- 持续提高小程序质量。通过"用户满意度"评分体系，让开发者更加直观地看到用户对产品的喜好程度，以及自己和同类竞品的差距。"领先则保持优势，落后则奋起直追"，"用户满意度"评分体系的存在，会不断倒逼开发者持续优化自己的小程序服务，于所服务的用户和整个行业而言，都是一种利好。

最近内测的微信 7.0.7 版本，已将用户满意度评分"提前"到一个显眼的位置，对开发者而言是个不错的改善。由于微信去中心化的特点，以及小程序没有集中式的入口，优质小程序仍然缺乏展示通道及更好的用户感知。用户满意度评分的启用与调整，在开发者与用户之间建立了一个沟通的桥梁。

开发者对"用户满意度"评分体系的看法

对于启用小程序"用户满意度"评分功能，开发者们有不同的意见。有的开发者认为该功能已经很完善，有的却认为还有很多地方需要改进。

1）用户满意度评分代表了小程序带给用户的感受。

对于开发者来说，用户满意度评分的价值点在于，开发者可以更加直观、清晰地了解小程序在用户心中的"样子"，用户的感受如何，尤其是在小程序新功能上线的节点上，评分的价值就能直接体现，该功能是否需要优化与改进，所得分数就是一个参考标准（见图 9-7）。

图 9-7　小程序满意度评分示例

"这一用户评分体系，对我们来讲还是很实用的，在开发初期，我们就开始关注产品体验，而评分能帮助我们从用户维度去评估产品"，一位资深的小程序开发者表示。

事实上，通过这一评分体系，一方面能帮助用户甄别评分较高、质量较好的小程序，利于整个小程序生态的发展；对于开发者来说，更像是多了"一杆秤"，反过来也督促开发者重视小程序体验，开发出产品体验、稳定性更好的小程序。

当然，现在的评分体系只有数字，开发者也比较期待它能有更多的具体内容，比如评论、停留路径、评分低的具体原因等。

2）用户满意度评分作用不明显或者价值不高。

"我们并不在意这个评分"，一位开发者平淡地说。和他秉持类似观点的不在少数。之所以这样，据晓程序观察分析，原因有三：

- 用户满意度体系并不能成为用户是否使用小程序的参考。不同于 App Store 的应用评分，用户需要进入小程序之后才能看到评分，而 App Store 的应用评分在用户下载之前就能看到。所以，在用户去留的选择上影响不大。
- 没有权威性。它与淘宝等电商平台评分体系不同，评价维度过于单一，主要还是体现用户使用的整体感受，没有具体的反馈。
- 评分只有在同类产品对比的前提下，其作用才能体现出来，而小程序并没有一个中心化展示的平台，所以高评分的优势并不能凸显出来。

此外，对于用户来说，在功能与体验上没有多大影响的小程序，用户并不会因为评分不高而弃用。即使要"离开"，也要看可替换的选项有哪些，以及迁移成本如何。所以，目前来看，用户满意度评分对用户流失并无多大影响。

"除非评分能直接在搜索结果页展示，这样评分的价值才能体现。"一位开发者这样说。正如前文所说，由于去中心化特点，小程序缺少集中展示的入口，搜索结果页会是一个比较好的体现评分价值的展示入口。

不仅如此，目前在小程序后台只显示评分的分值，并没有具体的数据分析，很难通过单纯的分值来判断具体改进点应该是什么，因此，这些评分更多的是作为内部观测的数据，实质作用不大。

综上所述，目前的小程序用户满意度评分功能还非常基础，要想以此搭建一套完整的优质评价体系，从而帮助开发者改进自己的小程序，优化运营策略，还有很长的一段路要走。

9.3.4 企业微信——小程序运营新阵地

2018年年末，在腾讯宣布的新战略布局中提到，未来将会推动社交、内容及技术趋势的聚合，更好地为企业提供服务，并打通消费者网络和产业网络的生态链接生态，这使得企业微信在腾讯发展战略中将具有十分重要的地位。

截至2018年5月，企业微信已为超过150万家企业提供服务，横跨50多个行业，其中80%为中国500强企业。在2019年的微信公开课Pro上，微信负责人提到，截至2018年年底，企业微信的运营规模已经翻倍。

因为企业微信移动客户端有内置小程序基础库，无须申请内测，只需要做一些简单的适配工作，即可将微信小程序移植到企业微信上运行，同时开发者也可以针对企业微信提供的特殊接口开发出更适用于企业内部场景的小程序。

将小程序链接到企业微信上有哪些展现方式？

对内——工作台可配置小程序（见图9-8）：
- 在企业应用中关联小程序后，企业微信移动客户端工作台即可展示该小程序给内部成员使用。
- 内部成员可转发工作台中的小程序给已添加该小程序微信用户。

图 9-8　小程序在企业微信中的入口

对外——成员详细资料页面可向微信用户展示小程序。

管理员在通讯录成员的对外信息中添加关联的企业微信小程序，即可将其展示给微信用户，微信用户点击后可直接打开小程序（见图 9-9）。

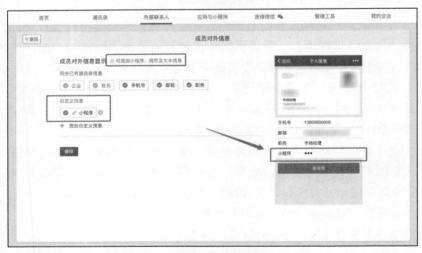

图 9-9　企业微信对外展示小程序

前提条件：企业微信支持微信小程序在企业微信中运行，但是在运行前，企业必须得拥有一个微信公众平台，后续小程序的发布和审核工作也将在微信公众平台上完成。

满足上述条件的用户，可以按以下步骤进行操作：

1）登录企业微信管理后台：https://work.weixin.qq.com/。

2）点击"**连接微信—程序—前往关联小程序**"，点击"＋"开始关联小程序（见图9-10）。

图9-10　企业微信关联小程序操作

3）设置小程序的可见范围，点击"**完成关联**"。

注意小程序被关联到了哪些企业，可以统一在小程序后台"设置—关联设置—关联到企业微信"中看到关联记录。

例如，任务管理。企业微信不仅能够让企业和外部的联系更为顺畅，还大大提升了企业内部的沟通效率。企业微信中一个叫作"任务管理"的小程序就具备了能够让领导给团队成员发布任务的功能，也可以实时更新任务完成的状态，甚至可以设置任务提醒的推送。

目前已经有很多H5应用，伴随着企业微信的快速发展，我们相信，未来更灵活的小程序将会成为主流，并且为用户提供更流畅的体验和更舒适的界面，以及更多更为强大的功能以帮助企业发展。

总而言之，企业微信关联微信小程序已经开始实现了，未来将会有越来越多与企业相关的应用上线微信小程序。通过关联，微信上的小程序链接到企业微信中得以使用和分享，获取资讯将变得更加简便，让我们一同期待企业微信与微信的进一步互通融合。

企业微信将是未来小程序发展的新领域！

在本书的最后，笔者还是要再次重申：**小程序的运营招式有千千万，给用户带来价值是第一条**。图 9-11 列出了使用微信小程序平台的主要注意事项。

账号信息	服务类目	功能	内容	数据
• 名称描述清晰 • 与功能一致 • 材料真实	• 类目与页面内容一致 • 便捷可用	• 完整可用 • 无推荐／排行榜 • 无搜索小程序 • 不互推	• 禁止诱导／欺骗／虚假信息 • 不得以营销与广告为主 • 禁止测试类内容、游戏 • 不得出现法律法规禁止的内容	• 获取用户数据时须告知 • 不得私下收集用户数据

图 9-11 使用微信小程序平台的主要注意事项使用规范

例如，商家使用"收藏有红包"之类的活动进行小程序留存运营，就可能审核不通过，因为涉嫌诱导用户收藏小程序。

所有的运营招式，商家务必要围绕用户价值展开。请严格遵循《微信小程序平台运营规范》，否则将受到微信小程序平台相应的处罚，轻则会停止对小程序内的某些功能的支持、拒绝更新，重则会将不合规范的小程序下线、封禁。

希望每一位小伙伴都能通过精心地运营，达成最初创建小程序的服务目标。**我们期待进入一个更美好的小程序互联网时代。**

推荐阅读

推荐阅读

"微商"系列图书：为各个阶段、各种形式的微商提供最佳指导方案